AF311105

François VALLET

LA
Grève Capitaliste
de Demain

Prix : 2 Francs

LEVALLOIS-PERRET
IMPRIMERIE RENOUF & BALLE
6, Rue Rivay, 6

1906

François VALLET

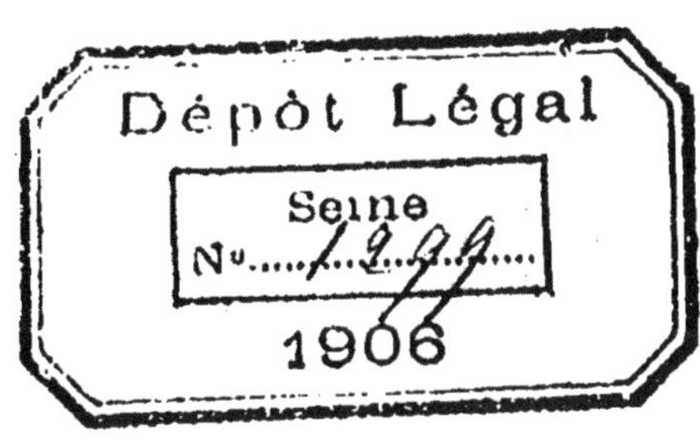

LA
Grève Capitaliste
de Demain

LEVALLOIS-PERRET

IMPRIMERIE RENOUF & BALLE

6, Rue Rivay, 6

1906

INTRODUCTION

Depuis les temps les plus reculés jusqu'à nos jours, les philanthropes n'ont cessé de protester contre les abus, les vexations, les misères de toutes sortes qui affligent les déshérités de la fortune.

Malgré tous leurs efforts répandus par les écrits et la parole, la fortune individuelle n'a cessé de progresser dans des proportions fantastiques et inconnues, inconnues par suite de l'anonymat de la considérable fortune mobilière.

A la suite de l'expropriation de la population rurale qui succéda à l'esclavage, le commerce et l'industrie prirent un grand essor, les campagnes se dépeuplèrent, l'ouvrier rural fut chassé vers les villes pour augmenter la richesse immobilière et créer de toutes pièces la fortune mobilière que nous constatons aujourd'hui. De nos jours encore, le travailleur rural qui ne possède pas un petit coin de terre ou une maisonnette ne peut plus y vivre ; cependant la production est énorme, le vin dans certains pays ne trouve plus d'acheteur faute d'argent. Pour rendre rémunératrice la production du blé, l'Etat a été obligé de frapper les blés étrangers d'un impôt de 7 francs par 100 kilos : si ce régime économique continue, la mévente des autres produits est certaine d'ici peu. Malgré toutes ces richesses produites en si grande quantité et qui l'entourent, on se demande pourquoi le travailleur rural est obligé de s'en éloigner bon gré mal gré et de partir pour la ville où la misère l'attend dès qu'il sera épuisé comme son frère de misère qu'il aura remplacé.

Les villes augmentent de population dans des proportions effrayantes que j'indiquerai au cours de ce petit ouvrage, excepté cependant quelques-unes qui semblent être arrivées à l'apogée de leur prospérité.

Cette situation peut-elle durer bien plus longtemps? Evidemment non.

Par un étrange revirement des choses nous verrons d'ici peu, si le mal n'est pas enrayé à temps ; les producteurs de la terre, malheureux pour avoir trop produit de richesses, et les consommateurs des villes (car ils ne produisent rien ou à peu près rien) aux poches pleines d'or et d'argent, heureux et riches dans leur oisiveté.

D'où vient cette étrange anomalie ? De l'or ! le maître tout-puissant du jour qui distribue follement et arbitrairement à sa guise opulence ou pauvreté.

Il n'est pas douteux que l'état de choses actuelles changera et se transformera comme tout ce qui existe ; mais ce changement sera bien long s'il n'est pas aidé et secondé des volontés humaines qui ont intérêt au changement. Quelles sont donc les causes susceptibles de provoquer un changement rapide ? Ce ne sont ni la science, ni la morale, ni la générosité humaine, ni la politique ; car, jamais une assemblée politique ne décrétera nationale. la « propriété individuelle » cause de tous les maux, et ce, contrairement à l'opinion des socialistes, ni par la révolution que je crois impossible, étant donné le formidable armement des classes dirigeantes et privilégiées, en face du peuple désarmé complètement ; mais bien par son organisation économique (1) car ce que l'homme a organisé ou du moins laissé organiser, il peut le désorganiser facilement si l'on tient compte que le régime actuel ne profite qu'à quelques privilégiés au détriment du plus grand nombre : les non privilégiés.

Les déshérités étant les plus nombreux ont donc la force ; qui dit force dit droit. Le droit sans la force n'étant qu'illusoire et sans sanction.

Pour bien faire comprendre les injustices que nous subissons, j'essaierai de reconstituer par la pensée aidé de l'histoire (2) le régime économique actuel en suivant brièvement son développement depuis l'origine du monde jusqu'à nos jours ; mais principalement depuis l'avènement de la propriété urbaine et mobilière, en démasquant ses vices, en indiquant ses erreurs, ses mensonges et surtout en faisant toucher du doigt la fragilité du « Château de cartes » sur lequel est appuyé ce régime économique aux pieds d'argile.

Ce 10 Mars 1906.

(1) On appelle organisation économique ou économie politique des lois et conventions humaines (dont la plupart sont consenties parce qu'elles sont indirectement imposées) qui régissent la production. la distribution, la circulation et la consommation des richesses.

(2) Je crois devoir faire remarquer au lecteur que cet ouvrage est essentiellement économique et non historique.

Origine et Développement économique

Les Hommes primitifs

§ 1. — Les premiers hommes dont les besoins étaient peu nombreux n'avaient pour les satisfaire d'occupations autres que la pêche et la chasse ; plus tard l'élevage des animaux. Ils vivaient libres et indépendants les uns des autres. Cette période préhistorique est quelquefois appelée « l'âge d'or ».

Comme toutes les espèces animales (y compris l'homme) s'accroissent jusqu'à la limite de sa subsistance ; ce fut donc pour se procurer de nouvelles subsistances, au fur et à mesure qu'ils augmentaient en nombre, que les hommes durent faire des efforts nouveaux en fabriquant des outils et en cultivant la terre.

Certaines tribus ne possédant pas les connaissances suffisantes pour cultiver ou habitant des contrées peu fertiles, se voyant menacées par la famine, se virent contraintes de prendre par la force les provisions que d'autres tribus plus prévoyantes, plus avancées en civilisation ou habitant des contrées plus fertiles avaient produit : voilà le commencement des guerres barbares ; de l'homme défendant sa propre existence ; mais il fit abus de sa force ; les tribus vaincues durent abandonner certains avantages aux vainqueurs. A cette époque de l'histoire commence l'exploitation de l'homme par l'homme.

A mesure que les besoins grandissent, les vainqueurs deviennent plus exigeants ; chacun sait que les besoins sont plus nombreux chez le civilisé que chez le sauvage, qu'ils augmentent parallèlement avec le développement de la civilisation. Devant les exigences exorbitantes des vainqueurs certains hommes refusèrent de se plier devant l'autorité et ne voulurent pas se laisser asservir, ou bien ne possédant pas les forces suffisantes pour fournir les pénibles efforts qu'on exigea d'eux, se révoltèrent et se mirent en guerre contre la société. De là sortirent une foule de malandrins se livrant à des rapines et provoquèrent un régime de répression et de défense de la part des vainqueurs. Les mêmes faits se passent encore aujourd'hui d'une façon analogue ; nous avons les voleurs, les assassins, les cambrioleurs, etc., ils s'appelèrent autrefois normands, les grandes compagnies, routiers, malandrins, etc. Les malfaiteurs contemporains légitiment la police comme les malfaiteurs anciens légitimèrent la construction de ces forteresses que furent les châteaux forts.

Noblesse et Clergé

§ 2. Nous arrivons maintenant à la domination féodale et du clergé. Avant l'organisation de la police ou pendant qu'elle était encore insuffisante, les bandes de malfaiteurs dont on vient de parler pillaient et dévastaient tout par la violence. Pour se mettre à l'abri de leurs rapines la construction des châteaux forts fut décidée, dans lesquels seraient enfermées les provisions de toute sorte : les armes, les troupeaux et les habitants de tous les environs qui pourraient ainsi se mieux défendre.

Ce but paraissant louable ne fut malheureusement pas atteint ou du moins l'affectation indiquée ne dura pas longtemps. Les châtelains profitèrent des armes qu'ils détenaient et des remparts que leur offraient les châteaux forts pour dominer et régner en maîtres absolus. Ils prennent des titres de noblesse pour imposer la crainte et le respect (comme le font encore nos fiers décorés), se partageant la terre (1) à laquelle ils donnent les noms de seigneurie, baronnie, comté, etc.; obligent leurs sujets à leur fournir des provisions de toute sorte, puis des redevances, des corvées et peu à peu en font des esclaves. L'homme perd sa liberté et devient bête de somme, absolument comparable à nos animaux domestiques d'aujourd'hui. La noblesse devient si puissante que quelques seigneurs peuvent arriver à entretenir une armée aussi forte et même plus forte que celle du roi.

(1) C'est ainsi que fut acquise la première propriété individuelle, transmise ensuite par héritage, donation, etc.; qui arrive ainsi jusqu'à nous. Que les économistes officiels viennent maintenant prôner que la propriété individuelle est le fruit du travail et de l'épargne. La propriété française a été acquise autrefois comme elle s'acquiert sous nos yeux aujourd'hui dans nos colonies, sans parler des gouverneurs qui reviennent au bout de quelques années chargés d'or. Tous les jours le gouvernement cède gratuitement de vastes étendues de terrain à des particuliers sous le fallacieux prétexte qu'ils ont rendu des « services exceptionnels à la Patrie et à la République ». C'est pour cette même raison que furent fondés les « Majorats » jusqu'au second Empire et qui sont toujours d'après nos lois, inaliénables, c'est-à-dire qu'ils ne peuvent ni être vendus, ni donnés; les possesseurs sont donc obligés de rester riches malgré leur volonté. Ces moyens d'acquérir sont-ils équitables? Certainement non.

Le peuple serait peut-être toujours dans cet état d'asservissement livré sans défense aux caprices et à la merci de la noblesse féodale toute-puissante sans l'avènement heureux des croisades dans lesquelles une grande partie de cette noblesse trouva la mort. Les rois de France profitèrent de la diminution du nombre des seigneurs pour centraliser les pouvoirs, imposer des lois à toute la France, et enfin détruire les châteaux-forts qui furent les forteresses derrière lesquelles s'est abrités la toute-puissance de la noblesse pendant 500 ans comme aujourd'hui les capitalistes s'abritent derrière leur *or*.

Actuellement, les capitalistes règnent dans les grandes villes, sièges de leurs manœuvres, où le travailleur quoique libre se trouve néanmoins enfermé puisqu'il ne peut plus en sortir. Il est donc livré sans défense à la disposition et à la rapacité du capitaliste, comme autrefois le serf l'était à la brutalité et aux vexations de la féodalité. La seule différence appréciable entre la domination féodale et le régime de l'or actuel, c'est que la première était connue et visible, on pouvait la frapper ; tandis que le second est inconnu et invisible, règne en maître absolu dans l'ombre, circule librement comme l'air, échappe ainsi à nos coups par son invisibilité et son anonymat. Nous verrons par la suite que le plus fort trouve toujours plus fort que lui ; que le régime de l'or perdra donc un jour qui n'est pas éloigné de nous, sa puissance dominatrice. Nous verrons par la suite comment ce fait s'accomplira.

Mais revenons au sujet qui nous occupe en ce moment. Les châteaux-forts furent brûlés, rasés, la noblesse perdit beaucoup de ses privilèges ; mais elle conserva avec le clergé la propriété du sol qui, avec la mer, sont les deux sources qui alimentent l'humanité. La mer n'étant pas susceptible d'être divisée en propriété individuelle l'est devenue tout de même par suite de l'appropriation individuelle des navires, canots, filets, etc., qui la rendent productrice.

L'origine de l'acquisition de la propriété par les moyens que nous venons de décrire n'a donc aucune base équitable : les transmissions qui s'ensuivent, ventes, échanges, donations, successions, etc., portent la tache originelle du droit du plus fort ; les lois qui par la suite sanctionnent ces acquisitions sont donc injustes et n'ont pas même l'apparence de la légalité.

Le règne de la noblesse et du clergé est dès ce moment affaibli, et, comme tout ce qui existe doit s'accroître ou décroître, s'agréger ou se désagréger, la désagrégation commencée va continuer et progressivement ce règne va finir par succomber sous les attaques incessantes de son adversaire, le tiers état appelé aujourd'hui bourgeoisie.

Tiers Etat et Bourgeoisie

§ 3. — Pendant que la noblesse et le clergé s'emparaient de la propriété rurale, une troisième classe qu'on appela Tiers-Etat et aujourd'hui *Bourgeoisie* se formait et s'emparait à son tour de la propriété urbaine qu'elle édifiait, dominait et gouvernait les cités. Disons seulement que l'origine de la Bourgeoisie paraît remonter à des associations de marchands du moyen âge (395 à 1453) dont les adhérents se promettaient réciproquement aide, assistance, bonne foi et amitié.

C'est sous la poussée du Tiers-Etat que nous voyons proclamer l'abolition du servage qui eut lieu en France en 1298 (il ne restait plus que quelques milliers d'esclaves en 1789) en Italie en 1256, en Angleterre à la fin du 16e siècle, en Allemagne à la fin du XVIIIe et au commencement du XIXe siècle, en Russie au milieu du XIXe siècle.

Les serfs qui, jusqu'à cette époque, avaient trouvé leur subsistance bien médiocre il est vrai dans les campagnes, auprès des seigneurs, furent rejetés après avoir été expropriés vers les villes, et devenaient ainsi salariés. A ce changement de condition ils gagnaient au point de vue moral, car ils devenaient libres ; mais ils perdaient au point de vue matériel parce que leurs existences devenaient menacées et incertaines, subordonnées à la *vente* de leur travail, vente qui fut très souvent bien difficile.

Karl Marx, expropriation de la population campagnarde (capital, pages 317 et 324) s'exprime ainsi : « le licenciement des nombreuses suites seigneuriales qui encombraient la tour et la maison lança sur le marché du travail une masse de prolétaires sans feu ni lieu. »

« La spoliation des biens de l'église, l'aliénation frauduleuse des biens de l'Etat, le pillage des terrains communaux, la transformation usurpatrice et terroriste de la propriété féodale et même patriarcale en propriété moderne privée, la guerre aux chaumières : voilà les procédés idylliques de l'accumulation primitive. Ils ont conquis la terre à l'agriculture, incorporé le sol au capital, et livré à l'industrie des villes les bras dociles d'un prolétariat sans feu ni lieu. »

Les marchands d'autrefois ou les bourgeois de nos jours sont à partir de cette époque à la veille d'être les maîtres. Jusqu'à présent l'argent (j'entends les métaux précieux ayant cours comme monnaie) ne servait qu'à l'échange des marchandises, remplaçant ainsi le troc qui consistait à échanger marchandises pour marchandises : de la farine pour du sel, une paire de souliers pour un pantalon, etc., etc. Le troc comme mode d'échange devient impossible dans une société civilisée dont les besoins sont multiples, l'argent lui succéda mais avec le seul *pouvoir d'échange*.

Pendant le règne de la noblesse et du clergé on vendait les personnes ; mais il était défendu de *vendre l'or et l'argent* dont la frappe en monnaie n'appartenait qu'à de rares privilégiés. Nous voyons donc les gros financiers soupçonnés de posséder beaucoup d'or et d'argent punis et souvent sévèrement. Parmi ceux-ci Enguerrand de Marigny, de Renier Flamand, de Mâche des Mâches et de Pierre-Rémy furent pendus ; ce dernier en 1328 laissant une fortune de 52 millions. Au XVe siècle, Jacques Cœur de Bourges, le plus riche financier de son temps et argentier du roi, fut dépouillé de tous ses biens et ne conserva la vie que grâce à son évasion de la prison de Poitiers et s'enfuit à Rome. Au XVIIIe siècle les 4 frères Pâris furent plusieurs fois exilés, persécutés et emprisonnés. Enfin au commencement du XIXe siècle Ouvrard fut également emprisonné et le dernier des financiers inquiétés.

Bourgeoisie

§ 4. — Nous voici maintenant arrivés à la Révolution française de 1789, à l'avènement de la Bourgeoisie triomphante, maîtresse absolue de nos destinées, proclamant les « Droits de l'Homme ». A l'avenir, on ne vendra plus les personnes comme par le passé, ce sont elles-mêmes qui se vendront, on les achètera avec un salaire, à la journée, au mois, à l'année, suivant les besoins des capitalistes. Mais on vendra l'or et l'argent qui, dès lors, auront une valeur réelle servant d'étalon à mesurer l'effort humain et permettra rapidement l'accumulation de fortunes urbaines considérables, insolentes et scandaleuses. Voilà ce qu'a gagné le travailleur à prêter son concours à la Révolution bourgeoise.

Les financiers après avoir été pendant longtemps pendus, dépouillés, emprisonnés et tracassés sont enfin arrivés au sommet de leur puissance ; ils sont les maîtres absolus, tout marche par leurs ordres, et quoique arrivés à un degré bien plus inquiétant que leurs devanciers, tout s'incline devant eux ; on était pendu en 1328 pour posséder 52 millions : aujourd'hui c'est le contraire ; plus on possède de capitaux, plus on a de titre, d'honneurs et de décorations. Et cependant, combien ces financiers d'autrefois étaient peu de chose en comparaison de ceux d'aujourd'hui quand on sait qu'un chef d'une famille bien connue mourait en 1868, laissant d'après les dires d'un héritier 800 millions (1) sans compter les bijoux et objets d'art. Cette famille existe toujours, et cette colossale fortune n'a depuis cessé de s'accroître dans des proportions qu'on ne peut évaluer, mais que cependant quelques-uns affirment devoir atteindre au moins 4 milliards. Pour que le lecteur comprenne combien sont dangereuses de semblables fortunes un exemple suffira : La valeur de la production agricole s'élève à environ 8 milliards par an. Ce financier peut donc accaparer pour ainsi dire toute la production qui tombe sur nos marchés, c'est-à-dire toute déduction faite de la partie que le cultivateur conserve pour ses besoins.

Dès que le financier détient la production, il fait à sa guise la hausse et la baisse ; ce que peut faire une si grosse fortune est effroyable ; on peut même affirmer que le possesseur gagne ce qu'il veut, surtout quand on a pu voir dernièrement qu'un petit financier, dorénavant d'une triste célébrité, ne possédant que quelques millions, détenait il y a deux ans, 81 pour cent de la production totale des sucres ; c'est-à-dire que seulement 19 parties sur cent restaient à la disposition du public. Je me sens entraîné d'expliquer le trafic couvert par la loi des « ventes fictives » qui se concluent dans les bourses commerciales et des valeurs ; mais je suis obligé de résister à se désir qui, du reste n'est qu'un détail. Pour ne pas sortir du cadre que je me suis tracé, disons seulement que le capital est insatiable ; ce qu'il n'a pu arracher à la masse en revenu, il le rattrape par la spéculation, c'est-à-dire en majorant à son profit le prix des marchandises, et en bouleversant les cours des valeurs mobilières. Le profit résultant de la spéculation n'a aucun contrôle, cependant il est considérable. Il est répugnant de constater que le législateur puisse permettre la spéculation sur les objets de première nécessité, la farine, le sucre, les huiles, etc. La consommation est ainsi frappée de trois impôts différents : 1º par l'État ; 2º les villes, droits d'octroi ; 3º par la spéculation. Les deux premiers sont pourtant déjà bien lourds ! et le plus terrible est peut-être le troisième, dont nous ne pouvons pas arriver à connaître la valeur énorme.

§ 5. — Le capital est maître de tout, jette ici richesse ou pauvreté à son gré, le travailleur est plus son esclave que

(1) D'AVENEL. *Histoire économique de la propriété*, t. 1, page

ne l'était le serf à la féodalité ; mais une telle puissance indique aussi que le capital est arrivé au sommet de son développement, ce qui nous annonce sa fin prochaine « l'homogène étant instable ». Dès qu'un régime n'est plus modifiable sans le démolir, il ne peut plus résister que fort peu de temps par les expédients et les mensonges. C'est au papier que sont confiés ces soins. Ce ne serait pas sans raison si on appelait le commencement du xx⁰ siècle « Le siècle du papier » tellement sont répandus les livres, les brochures, les journaux volumineux à huit et dix pages à cinq centimes le numéro. Toutes ces publications jouent un grand rôle au point de vue moral ; sur des cerveaux insuffisamment cultivés, elles embrouillent toutes les questions, légitiment les sinécures, les grosses rétributions de ces hommes dits supérieurs que l'on appelle « les savants, les génies », dressent les apothéoses et cachent les vérités en répandant les mensonges.

Le travailleur croyant que réellement on améliorera son sort discute la politique, la séparation de l'Eglise et de l'Etat, la réforme de la magistrature, le secret du vote, croit aux avantages de la mutualité, des assurances et des retraites ouvrières ignorant ainsi que le principe capitaliste est de prendre et de ne jamais rendre. Travailleurs des villes et champs, employés, petits commerçants, petits propriétaires qui souffrez, philanthropes que la misère des autres afflige, quand les produits regorgent de tous les magasins ruraux et urbains, laissez la politique soi-disant réformatrice à ceux qui en vivent et qui vous trompent ; portez vos regards et vos efforts pour vaincre le veau d'or, le taureau capitaliste en l'empoignant par les cornes de son système économique et non par la queue des réformes politiques qui sont incapables d'arrêter sa course furibonde.

Les Capitaux appropriés

Définition

§. 6. — Par capitaux appropriés nous entendons non seulement ceux qui sont effectivement représentés par une chose quelconque comme le sol, les maisons, les animaux, les instruments de travail, les valeurs mobilières, etc., etc., mais aussi les *redevances* que l'Etat, les départements et les communes perçoivent sur les contribuables sous le nom d'impôts directs ou indirects, de consommation, d'octroi, droits de place, de circulation et autres, car le capital n'est en réalité critiquable que par le revenu qu'il rapporte. En effet, s'il ne rapportait point de revenu sa possession au delà des besoins personnels deviendrait sans objet, et serait forcément une richesse collective. Le revenu seul est la conséquence de son appropriation individuelle ; c'est pourquoi nous ne distinguons pas ici entre les revenus provenant de capitaux réellement existants et ceux qui sont perçus sous les divers titres d'impôts, droits ou redevances. En un mot le capital n'est ici qu'une fiction, la réalité ce sont les revenus seuls qui nous occupent ; c'est-à-dire les charges qui pèsent sur chacun des travailleurs.

Ces revenus sont bien difficiles à évaluer à défaut des statistiques spéciales (dont j'aurais eu besoin) que j'espère cependant me procurer d'ici quelques années, s'il m'est permis de me renseigner dans les ministères. Ce que je n'ai pu obtenir jusqu'à présent, et si je puis arriver à connaître le budget de toutes les communes de France, ce qui me paraît bien difficile, car ces dernières imitant les particuliers, cachent leur *situation financière*. Mais que le lecteur se rassure, les chiffres que je fournis ci-dessous posent le principe même et ils se rapprochent bien de l'exactitude, et la quotité des charges indiquées qui pèsent sur chaque Français est bien la vérité à quelques francs près pour chacun.

Pour établir ce calcul qui aura le double avantage de faire connaître : 1º la valeur des richesses françaises ; 2º les charges qui pèsent sur chaque citoyen, nous évaluerons les capitaux appropriés individuellement et les impôts perçus par l'Etat et les communes par catégorie et séparément :

1º La propriété rurale ;
2º La propriété urbaine ;
3º La propriété mobilière ;
4º La propriété circulante ou monnaie ;
5º La propriété publique, ou charges publiques.

Leroy-Beaulieu, *Précis d'économie politique*, 1888, p. 368, estime la fortune de la France à 200 milliards, sans donner bien entendu aucun détail ; ce chiffre est bien au-dessous de la réalité, puisque les revenus de cette somme à 3 pour cent seraient absorbés presque complètement par les impôts de l'Etat et des communes qui s'élèvent à 5 milliards 300 millions.

§ 7. — 1ᵉ Propriété rurale

A. — *Le sol ou propriété non bâtie.*

Les terres labourables, les cultures diverses, prés, vignes, jardins, bois, landes et terrains incultes forment un total de 49 millions 400 hectares sur 51 millions 883 hectares qui représentent la superficie entière de la France (D'Avenel : *Histoire économique de la propriété*). Gabriel Deville, dans un discours prononcé à la Chambre des députés, le 6 novembre 1897, indique les mêmes chiffres à quelques hectares près.

Les différentes cultures se répartissent ainsi :

27.000.000 d'hectares de terres labourables y compris le matériel servant à l'exploitation, à 1.000 fr. l'hectare, ci	27.000.000.000
5.000.000 d'hectares de près de 2.500 fr. l'hectare....................	12.500.000.000
2.300.000 hectares de prés à 5.000 fr. l'hect.	11.500.000.000
700.000 hectares de jardins situés dans les villes et dans les campagnes avec agencement, à 2.000 fr. l'hectare....................	14.000.000.000
8.400.000 hectares de bois à 1,000 fr. l'hect. bois et sol compris	8.400.000.000
6.700.000 hectares de landes et terrains incultes, à 500 fr. l'hectare...	3.350.000.000
49.400.000 d'hectares de propriété rurale non bâtie....................	76.750.000.000

B. — *Les maisons ou propriétés bâties.*

La valeur totale locative de la propriété bâtie en France s'élève à 3.054.369.319 francs, d'après l'*Annuaire statistique de la France*, 1901, page 288, tableau 2.

La population de la France atteint aujourd'hui 38.961.945 habitants d'après le recensement du 24 mai 1901 : *Annuaire statistique de la France*, 1901, page 176.

Lucien Descaves, dans le *Journal* en 1905 (décembre), in

dique que 57 pour cent de la population française habite les villes et 43 pour cent les campagnes soit 22.230.000 personnes dans les villes et 16.770.000 dans les campagnes en admettant que la population française atteint aujourd'hui 39 millions d'habitants. Le prix du loyer étant dans les villes pour le moins trois fois plus élevé que celui des campagnes, le tiers de valeur locative seulement est supportée par la population rurale et ce proportionnellement au nombre de ses habitants, soit 437.792.935 francs et 2.616.576.384 francs par celle des villes. En capitalisant ces revenus au taux de 3 pour cent la valeur de la propriété rurale bâtie atteint 14.593.097.833 francs.

Propriété rurale bâtie ci .... Fr. 14.593.097.833 »

—   C. — *Les animaux.*   — — —

A défaut de statistiques, j'estime que la France possède environ 100 francs d'animaux par hectare en bœufs, chevaux, moutons, porcs, volailles, etc., 49.400.000 hectares égal 4.940 millions.

Propriété animale ci .... Fr. 4.940.000.000 »

D. — *Les meubles meublants et bijoux.*

La population de la France est divisée en 9.750.000 feux (D'Avenel, *Histoire économique de la propriété*, t. I, p. 11). Supposons que les 16.770.000 personnes qui habitent la campagne forment quatre millions de familles possédant chacune en mobilier, linge, bijoux, etc., une valeur de 1.000 fr., total 4 milliards.

Meubles, meublants et bijoux, etc................ 4 milliards.

Récapitulation de la valeur de la propriété rurale :

A. ....Fr.	76.750.000.000
B.	14.593.000.000
C.	4.940.000.000
D.	4.000.000.000
Total	100.283.000.000

§ 8. — 2° La Propriété urbaine

A. — *Les maisons*

La valeur locative des loyers occupés à titre de locataires ou de propriétaires par les 22.230.000 personnes de la population urbaine s'élève à 2.616.576.384 francs de revenus. En capitalisant cette somme au taux de 3 pour 100, la valeur de la propriété bâtie atteint le chiffre de 87.219.212.800 francs.

B. — *Fonds de commerces et industries.*

En 1897, il y avait 2.106.868 patentés, de 1891 à 1897 le nombre des patentés augmentait de 15.000 par an, en admettant qu'il ait continué de s'accroître depuis dans cette proportion, ce nombre doit s'élever aujourd'hui à 2.200.000. Les tableaux des patentés A. B. C. et D. réunis en comptent 1.727.754 qui paient ensemble une contribution de 84.415.765 francs. Cette contribution est supérieure d'environ 9 millions à celle perçue sur la propriété bâtie rurale et urbaine. Aucune statistique ne permet d'estimer les richesses détenues par les patentés; mais l'impôt indiqué ci-dessus démontre qu'elles sont considérables. En l'absence d'autres documents, nous pouvons supposer qu'ils possèdent les uns dans les autres un fonds de commerce ou d'industrie, outils, agencements, marchandises en magasins, etc., une valeur de 5.000 francs, somme qui est loin d'être exagérée. Dans cette évaluation ne sont pas comprises les grandes sociétés anonymes, dont les valeurs sont cotées à la Bourse, qui figureront dans la propriété mobilière. 2.200.000 patentés à 5.000 francs chacun égal .... 11 milliards.

C. — Meubles meublants, bijoux, etc.

Nous avons vu que la population urbaine s'élève à 22.230.000 habitants. En comprenant tout le territoire français, on admet généralement 4 personnes par famille ou par feu. Chacun sait que les familles sont plus nombreuses à la campagne qu'à la ville, où il y a beaucoup de célibataires des deux sexes, peu d'enfants, il y a donc lieu de compter 5.500.000 familles urbaines, possédant chacune, en mobilier, linge, bijoux et objets d'art, une valeur de 2.000 fr.; ce qui paraît bien peu pour ceux qui se souviennent que le produit de la vente mobilière aux enchères, ces temps-ci, d'un sucrier, spéculateur fameux, atteignit au-dessus de cinq millions de francs. 5.500.000 familles à 2.000 francs chacune soit 11 milliards.

Récapitulation de la propriété urbaine :

A	Fr.	87.219.000.000
B.		11.000.000.000
C.		11.000.000.000
Total		109.000.000.000

§ 9. — 3° Propriété mobilière

Par propriété mobilière, nous entendrons spécialement pour la facilité de notre démonstration les valeurs mobilières, titres en papier que remettent aux prêteurs l'État, les villes, les grandes compagnies, les sociétés anonymes et les gros industriels, et qui sont cotés à la Bourse à des prix variables.

La statistique des valeurs négociables, cotées officiellement à la Bourse de Paris a été dressée par M. Découdu au cours du 28 février 1900 ; ces valeurs représentaient dans leur ensemble un capital de 125 milliards, et se décomposent comme suit :

Valeurs françaises : 65 milliards.

Valeurs étrangères : 60 milliards.

45 milliards 700 millions sont représentés par les rentes françaises et les titres des grandes compagnies de chemin de fer.

6 milliards par le Crédit Foncier et la Ville de Paris.

2 milliards par les banques.

10 milliards par les sociétés diverses.

Le montant brut des intérêts et dividendes payés sur ces valeurs était, de février 1899 à février 1900, de 4 milliards 900 millions.

Au chiffre de 125 milliards, il faut ajouter 10 milliards de valeurs cotées officiellement dans les autres villes de France, soit au total 135 milliards. (Alfred Neymarck, *Statistique internationale des valeurs mobilières en 1900, le 28 février.*)

D'après Théry, même ouvrage que ci-dessus, au 31 décembre 1850, l'ensemble des valeurs mobilières négociables était d'environ *9 milliards seulement.*

Ces valeurs augmentent de plus d'un milliard par an. De 1880 à 1890, elles ont augmenté de 13 milliards 682 millions et atteignaient le chiffre de 59.141 millions et au 31 décembre 1899, celui de 66 milliards 356 millions, plus les 10 milliards des valeurs mobilières des villes de provinces. Il est donc probable qu'aujourd'hui, elles s'élèvent à 81 ou 82 milliards.

§ 10. — 4° **Propriété circulante**

On appelle propriété circulante les métaux précieux, or, argent et bronze qui circulent sous forme de monnaie et servant aux échanges.

On peut admettre, dit vers 1898, de Foleville, Directeur de la monnaie de Paris, qu'il est sorti du sol pour environ 105 milliards d'or et d'argent (nouveau Larousse illustré).

Dans quelles proportions est réparti, entre les diverses nations, ce stock considérable?

D'après Leroy-Beaulieu (*Précis d'économie politique.* 1883, pages 224 et 226), la France possédait en 1888 un capital monnayé en or de 5 milliards.

Un capital monnayé en argent de 3 milliards.

L'Angleterre en capital monnayé or de 3 milliards 100 millions.

L'Angleterre en capital monnayé argent de 500 millions.

Les États-Unis en capital monnayé en or de 3 milliards-100 millions.

Les États-Unis en capital monnayé en argent de 1 milliard 400 millions.

Au total 16 milliards 400 millions.

De plus chaque année jette sur nos marchés plus de 300 tonnes d'or, c'est-à-dire la moitié du stock que le moyen âge nous légua. 300 tonnes d'or valent 1 milliard 20 millions. Les économistes sont d'accord à reconnaître que la production de l'argent est d'environ 500 millions par an. La production annuelle de l'or et de l'argent atteint donc *1 milliard 520 millions.*

En prenant pour base le stock de 105 milliards que nous indique de Folleville et la production annuelle, le montant de la valeur d'or et d'argent extraits du sol, s'élève donc aujourd'hui à environ 116 milliards.

En admettant que les autres nations d'Europe, l'Allemagne, l'Autriche-Hongrie, l'Italie, l'Espagne et autres, en possèdent autant, c'est-à-dire 16 milliards ; que l'Asie, l'Afrique et les îles de l'Océanie en possèdent quelques milliards, nous n'arrivons qu'à en retrouver le tiers environ. Ce n'est pourtant pas chez les sauvages qu'il faut rechercher le manquant. Qu'est devenu et où est ce redoutable reste de 76 milliards suspendu sur nos têtes, comme l'épée de *Damoclès*, menaçant de nous engloutir au commandement de ses possesseurs ? car tout marche par la volonté de l'or. Mais revenons au sujet.

Quelle est la part que détient la France sur les 76 milliards dont les possesseurs sont inconnus ? La constatation est impossible. (Leroy-Beaulieu, *Précis d'économie politique*, page 290, dit que c'est la France la nation qui en possède le plus.) M. Baudin affirme que nous sommes les banquiers du monde.

Les présomptions édifiantes suivantes concordent avec ces opinions. La France, vieille nation civilisée et commerçante, dont la bourse toujours pleine, ouverte à chaque instant aux nations voisines, couvre plusieurs fois tous les emprunts de l'État et des communes et ceux offrant un semblant de sécurité. La facilité avec laquelle fut payée l'Allemagne à la suite de nos désastres fait supposer que la France possède un capital or et argent monnayé ou non d'au moins 20 milliards.

§ 11. — 5° Propriété publique ou Charges publiques

Nous avons dit au début de cette partie que les capitaux appropriés individuellement ne devenaient à charge à la société qu'autant qu'ils rapportent un revenu; peu importe que le capital effectif existe ou non.

Que le revenu soit perçu par un capitaliste sous le nom de fermage, de loyer, ou d'intérêt ; ou par l'Etat et les communes, sous le nom d'impôts, d'octrois ou droits sur la consommation, il n'y a aucune différence matérielle pour celui qui paye. Moralement, il paraît plus légitime et équitable de payer un loyer à son propriétaire ou un intérêt à son prêteur, que de payer des impôts et des droits d'octroi sur le sucre, le café, le vin, la viande, le tabac, les allumettes, etc.; mais au fond le résultat est le même. Les impôts indirects et les droits sur la consommation forment sinon un capital effectif, mais sûrement un revenu qu'il faut payer bon gré mal gré, et dont le plus habile ne peut s'affranchir.

Cependant, il faut reconnaître que l'Etat, les départements et les communes possèdent pour une certaine valeur des capitaux représentés par les routes, les canaux, certaines lignes de chemins de fer, les édifices, bâtiments nationaux, départementaux et communaux, les rues, conduites aériennes et souterraines, etc., qu'il ne m'est pas permis d'évaluer ; mais certainement d'une valeur moindre à celle des revenus ou impôts capitalisés. La recherche de cette valeur est du reste sans intérêt, puisque le revenu est la seule raison d'être du capital individuel et que nous en connaissons le montant par l'impôt qui nous indique les charges que nous devons supporter et qui sont les seules intéressantes ici.

A. — *L'Etat.*

Il nous reste maintenant à rechercher la quotité des impôts indirects qui frappent la consommation.

Les dépenses et recettes de la France se sont élevées en 1905 à 3.623.053.765 francs. Ces crédits s'appliquent :

1° A la dette publique	Fr.	1.221.520.584
2° Aux pouvoirs publics		13.694.500
3° Aux services généraux des ministères		1.830.156.649
4° Aux frais de régie, de perception, d'exploitation des impôts et revenus publics		465.911.007
5° Aux remboursements, restitutions et non valeurs		41.771.025
Total		3.623.053.765

Les contributions directes et les taxes assimilées supportées principalement par les possesseurs de capitaux privés, c'est-à-dire l'impôt : 1° sur la propriété non bâtie; 2° sur la propriété bâtie; 3° sur les portes et fenêtres; 4° sur la cote personnelle mobilière; 5° les taxes assimilées, les voitures, chevaux, mulets, automobiles, vélocipèdes, pianos, taxe militaire, etc., ont fourni au budget de 1905 une somme de 550.928.980 francs.

Les contributions indirectes perçues par l'administration de l'enregistrement, du domaine et du timbre sont également supportées principalement par les possesseurs de capitaux privés. Elles frappent, en redevances variables, les successions, les ventes, donations, les jugements des tribunaux, les opérations de Bourse, les revenus des valeurs mobilières, les papiers timbrés, etc.. etc. Il faudrait une page entière pour les énumérer toutes. Cet impôt produisit, en 1900, la somme de 861.486.186 francs. (Annuaire statistique de France 1901, page 391.)

Cette somme et celle ci-dessus produite par les contributions directes et taxes assimilées, forment le total des impôts fournis au budget par les possesseurs de capitaux, soit 1.412.415.166 francs, laquelle somme est pour ainsi dire absorbée pour le service de l'intérêt de la dette nationale.

Le reste considérable, presque les deux tiers du budget, est fourni par les contributions indirectes sur la consommation ; vins, alcools, bières, sels. huiles, sucres, allumettes, tabac, café, etc., etc., soit 2.210.638.599 francs. Cette somme capitalisée à 3 % équivaut à 73.687.953.300 francs.

Revenu de l'État capitalisé 73.687.953.300 francs.

§ 11 *bis*. — *B.* Les Communes urbaines

1º Paris.

Les recettes ordinaires prévues au budget officiel de la Ville de Paris pour l'exercice 1905 furent évaluées à 330.910.268 fr. 73. Sur cette somme 118.349.595 francs sont supportés par les possesseurs de capitaux privés ; le surplus, soit 212.560.673 francs, frappent la consommation sous des noms divers de perception. Ce sont : les droits d'octroi, le produit des Halles et marchés; poids publics. abattoirs, locations sur les voies publiques, droits de voirie, voitures publiques, redevances payées par la Compagnie parisienne d'éclairage et de chauffage par le gaz, etc., etc. Cette somme de 212.560.673 francs divisée entre 2.714.068 habitants représente une contribution individuelle de 79 francs environ. laquelle capitalisée à 3 % égale un capital de 7.085.355.766 fr.

2º Les autres communes urbaines.

Je n'ai pu me procurer, après bien des recherches, qu'un seul budget municipal, celui de la ville de Paris, qui me servira forcément de base pour évaluer les charges publiques qui pèsent sur la population urbaine des autres villes.

Nous avons vu que la population urbaine s'élève à 22.230.000 habitants (§ 7). En déduisant la population de Paris, les centres urbains provinciaux abritent 19.516.000 habitants. En tenant compte que les impositions sont moins élevées en province qu'à Paris, et en admettant que chaque habitant paye moitié moins qu'à Paris, c'est-à-dire 40 francs au lieu de 80 francs, nous obtenons ainsi une contribution totale pour les villes de province de 780.640.000 francs, qui, capitalisés à 3 % équivalent à un capital de 26.021.333.333 fr.

Paris et les communes urbaines réunies : 33.106.690.000 fr.

Récapitulation des charges publiques.

A. .... Fr.	73.687.953.300
B.	33.106.690.000
Total	106.794.643.390

§ 12. — Récapitulation totale des capitaux appropriés.

1° Propriété rurale....................... Fr.	100.283.000.000
2° Propriété urbaine	109.000.000.000
3° Propriété mobilière	82.000.000.000
4° Propriété circulante	20.000.000.000
5° Propriété publique ou charges publiques	106.794.000.000
Total	418.077.000.000.

En capital 418 milliards 077 millions.
En revenus à 3 % 12 milliards 542 millions.

Formation du Capital moderne

Propriété rurale

§ 13. — La nature nous a donné gratuitement le sol dont la valeur atteint 77 milliards en chiffres ronds (§ 12), le surplus des capitaux appropriés soit 341 milliards représente le travail humain dont 23 milliards seulement dépendent de la propriété rurale et les 318 autres forment la valeur de la propriété urbaine, mobilière, circulante et publique et sont détenus par les citadins. Sans remonter trop haut dans l'histoire plaçons-nous à la fin du xviiie siècle en 1793 (1); à cette époque la seule source de revenus provenait de la production agricole, comme aujourd'hui encore elle est la seule richesse réelle du pays. Chacun sait la différence qui existait entre la production de ce temps et celle d'aujourd'hui. Des renseignements que nous ont fournis nos grands-parents, il résulte comme probable que la valeur de la production agricole en 1793 ne valait guère que le quart d'aujourd'hui, soit 2 milliards ; nous verrons que sa transformation industrielle équivaut également au quart de cette production (§ 24) au total 2.500 millions.

La production agricole est consommée tous les ans, c'est-à-dire réduite à néant, sauf les quelques économies de ceux qui ont reçu la grosse part dans la répartition des produits ; c'est donc l'épargne de ces derniers qui a servi à la construction des maisons rurales et à l'acquisition des instruments, machines, etc., formant le total de la valeur de la propriété rurale.

On peut admettre à la rigueur que l'épargne prélevée sur les 2.500 millions de la production agricole et sa transformation industrielle, laquelle s'est élevée progressivement tous les ans, ait pu en cent douze ans atteindre les 23 milliards dépendant de la propriété rurale ; mais il en est autrement quand il s'agit d'épargner 318 milliards de plus. Il est donc matériellement impossible qu'en cent douze ans on ait pu épargner 318 milliards sur la valeur de la production agricole et sa transformation industrielle. (§ 24) quand nous savons que les générations qui nous ont précédé pendant des milliers d'années avant 1793, ne nous ont légué seule-

---

(1) C'est le 24 août 1793 que fut ordonné la formation du Grand Livre de la Dette publique, le lecteur connaîtra d'ici peu les raisons qui m'ont amené à choisir cette année historique.

ment en fait de capitaux provenant du travail humain que quelques édifices nationaux et objets d'arts que nous voyons principalement dans les cités d'une valeur de quelques milliards peut-être, dont l'inventaire est toujours possible. Les capitaux individuels ruraux sont d'une valeur à peu près nulle et les urbains d'une valeur peu élevée. C'est donc à partir de cette époque seulement que se sont édifiés les puissants capitaux que nous constatons.

Il est bien démontré que ces capitaux ne peuvent point provenir de la production agricole, qui, pourtant est bien la seule source de richesses réelles. Exemples : le premier besoin de l'homme est celui de soutenir son existence en se procurant des aliments ; si la première journée de son travail lui procure une existence de deux jours, il emploiera la deuxième journée à se confectionner quelque vêtement et ensuite une hutte pour s'abriter suivant la saison et le climat, voilà les nécessités de sa conservation. Je ne veux pas insister sur ces exemples primitifs.

Et pour simplifier j'arrive de suite en 1793 au milieu d'une certaine civilisation composée d'habitants ruraux et urbains se rattachant forcément les uns et les autres par des rapports économiques. Les ruraux produisent du blé et élèvent des bestiaux, etc., qu'ils vendent à la ville, avec l'argent qu'ils reçoivent des citadins et qu'ils peuvent épargner, construisent des maisons, achètent des outils et des instruments, etc. Les urbains, au point de vue de l'épargne font identiquement la même chose ; si, après avoir transformé les produits qu'ils ont reçus des ruraux, ils peuvent retirer un bénéfice excédant leurs dépenses, ce supplément forme l'épargne avec laquelle ils construiront de nouvelles maisons, etc.

Donc chez les ruraux comme chez les urbains l'épargne n'apparaît qu'après les nécessités de l'existence ; il faut ajouter existence individuelle, et non collective ; c'est-à-dire que jusqu'à présent à côté des gens qui épargnent de fortes sommes, il y en a qui meurent de faim.

Par conséquent l'importance de l'épargne tant chez les ruraux que chez les urbains est subordonnée complètement à l'importance de la production agricole ; mais quelle que soit la force d'un raisonnement, la vérité d'une démonstration, ils ne peuvent prévaloir contre un fait accompli, lequel nous montre un capital de 318 milliards, dont il nous faut rechercher la cause. Ce fait indique clairement que l'épargne réalisable sur le montant de la production agricole n'est pas la seule source de richesses, qu'il en existe une autre qui s'appelle l'or dont il sera parlé aux paragraphes suivants.

Propriété urbaine

§ 14. — En nous plaçant en 1793 comme dans le paragraphe précédent, nous trouvons à cette époque des villes déjà bien anciennes, ce qui prouve qu'elles existent en vertu d'une nécessité économique, ce qui n'est pas douteux. Toutes les villes sont généralement suivant l'importance de leur population, arrosées par des rivières et des fleuves d'un grand ou d'un petit débit. Les industries de toute sorte ayant besoin de beaucoup d'eaux s'installèrent forcément à proximité des cours d'eaux et attirèrent de la sorte les ouvriers nécessaires au fonctionnement.

A côté de ces ouvriers d'usine vinrent bien vite habiter les rentiers, les représentants de l'Etat, les artistes, les écoles, etc., si bien qu'à présent elles ont perdu complètement leur caractère primitif. L'industrie n'y occupe plus que de très petits coins obscurs, à côté desquels s'étalent de grands commerces, des palais somptueux, un luxe effréné, etc., dont la consommation est énorme et la production insignifiante proportionnellement au nombre de ses habitants.

Sans s'attarder plus longtemps à cette démonstration historique qui pourtant aurait un avantage, si elle n'avait pas le désavantage de fatiguer la patience du lecteur dont les heures sont comptées, arrivons immédiatement à la nouvelle source de richesses qui se nomme l'or, dont l'effet capitalisateur agit sous deux formes différentes : 1° le prêt à intérêt; 2° la valeur marchande et réelle de l'or.

§ 15. — Jusqu'à présent la production agricole et sa transformation industrielle sont restées les seules sources de l'épargne. Pierre achetait un pantalon à Paul, en supposant que Pierre était agriculteur et Paul artisan, l'argent que le premier remettait au second ne pouvait lui provenir que de sa récolte, et le bénéfice que pouvait en retirer Paul comprenait l'effort qu'il avait fourni à transformer les matières premières.

En multipliant ces exemples et en les appliquant à un grand nombre d'échanges divers, et après quelques années, nous rencontrons les Pierre et les Paul possesseurs d'une somme qu'ils auront économisée chacun. Cette somme sera relativement peu importante, parce qu'elle représente l'épargne qu'ils auront pu prélever sur leurs efforts journaliers. Pendant tout le temps qu'ils conserveront par devers eux cette somme, ils n'en retireront aucun avantage; le seul moyen à leur disposition pour en tirer profit est celui d'acquérir un nouveau capital, soit en achetant une terre, une maison, un fonds de commerce ou d'industrie, etc. Mais l'un et l'autre dont le montant de l'épargne est de 2.000 francs par exemple voudraient acquérir l'un une maison d'une valeur de 4.000 francs et l'autre fonder une maison de commerce d'égale valeur ; par conséquent ni l'un ni l'autre ne pourront réaliser l'acquisition désirée parce que personne ne voudra leur prêter pour parfaire la différence qui leur manque, car nul n'a bénéfice à se dessaisir de l'argent qu'il possède, puisqu'on n'en peut retirer aucun revenu ou intérêt, le prêt à intérêt est défendu sous le nom « d'usure » (1) Pierre et Paul sont donc obligés d'attendre l'époque incertaine où ils seront en possession du capital suffisant pour négocier l'acquisition indiquée ci-dessus.

Nous comprenons maintenant pourquoi fut si lente et pénible autrefois la constitution des nouveaux capitaux, et nous ne sommes plus étonnés que nos grands-parents nous en léguèrent de si peu importants.

Le Prêt à Intérêts

§ 16. — La *légalité du prêt à intérêt* en apparence insignifiante est l'essence même, l'origine du régime capitaliste qui nous étreint de toutes parts, et c'est le cas de dire ou jamais que de petites causes produisent de grands effets. Elle est le germe embryonnaire de la société actuelle qui a commis tant de fautes et d'erreurs.

Nous verrons de suite qu'autant fut lent et pénible l'accroissement des capitaux autrefois, autant il deviendra facile et rapide en grossissant, comme par enchantement dès que la légalité du prêt à intérêt sera un fait accompli, lequel eut lieu le 24 août 1793.

Ce fut en effet à cette date que la Convention vota la formation du grand livre de la dette publique, destiné à inscrire les noms des pensionnés et des créanciers de l'Etat. Ce fut donc l'Etat qui, le premier, emprunta à intérêts au grand jour, le prêt à intérêt est dès lors permis.

Le code civil promulgué le 15 mars 1803 (17 ventôse an XI) glisse timidement le prêt à intérêt dans ses textes, en laissant aux parties le soin de fixer le taux, l'intérêt n'est dû que s'il a été convenu. Le 3 septembre 1807 une loi nouvelle

____

(1) L'ancien droit français, les ordonnances royales et le droit canon, punissaient sévèrement le prêt à intérêt; l'ordonnance de Blois de Mai 1579 édictait pour la première fois les peines de l'amende, du bannissement dont le quart de l'amende était adjugé aux dénonciateurs, et la deuxième fois la confiscation de corps et biens.

fixé le taux à 5 pour 100 en matière civile et 6 pour 100 en matière commerciale (ce dernier aujourd'hui illimité).

L'Etat a besoin d'argent pour gouverner et opprimer comme les particuliers pour satisfaire leurs besoins ; plus il a d'argent plus il est fort. Les premiers emprunts de l'Etat de 1793 n'ont pas été bien fructueux ; aussi imagina-t-il bien vite le moyen peu scrupuleux et contraire au principe de la propriété individuelle, dont il est le champion, de voter une nouvelle loi du 8 nivôse an VI dont l'article 4 est ainsi conçu : « Il ne sera plus à l'avenir reçu d'opposi- « tions sur les tiers conservés de la dette publique inscrite « ou à inscrire. » En conséquence, celui qui possédait de l'argent pouvait en le prêtant à l'Etat se mettre à l'abri des poursuites de ses créanciers. Les caisses s'emplissent rapidement et nous avons depuis des gouvernements forts. Napoléon arrive, trouve les caisses pleines, fait la guerre à toute l'Europe, voilà la vérité. Si le prêt à intérêt n'eût pas existé à cette époque Napoléon n'aurait pu faire la guerre.

A l'avenir posséder de l'argent vaudra autant que posséder fermes et maisons, etc., c'est-à-dire que l'argent rapportera un revenu, et tout en conservant son pouvoir d'échange, le seul qu'il ait eu jusque-là, il en acquiert un autre, la valeur réelle, inaugurant ainsi une deuxième source de richesses.

La Valeur marchande de l'Or

§ 17. — Entre le prêt à intérêts définitivement consacré à la vente de l'or et de l'argent qui était jusqu'à présent prohibée, le lecteur comprend de suite qu'il n'y a plus qu'un pas à faire, que le premier entraîne logiquement la seconde. L'or dorénavant rapportant un revenu il s'ensuit forcément qu'il a une valeur réelle et marchande ; laquelle aura pour conséquence immédiate de le faire rapidement accroître d'une façon exorbitante et certainement imprévue à l'époque, c'est le seul danger, mais il est énorme et devient l'emblème du régime capitaliste actuel. Jusque-là on ne dépensait les efforts humains à la production de l'or que dans une limite où il était nécessaire pour échanger les marchandises (§ 3). Il était originaire en grande partie des pays étrangers et était ramassé par ses indigènes sans grands efforts à la surface du sol ; il nous provenait soit par la voie d'échange ou par les conquêtes que firent à diverses reprises les Européens sur les nations productives d'or et d'argent.

Dès maintenant ce sera le contraire, l'or et l'argent seront recherchés avec avidité et opiniâtreté, et leur production deviendra illimitée ; on dépensera beaucoup plus d'énergie, de savoir à la recherche de l'or qu'à la culture du sol, qui ne sera plus qu'une partie négligeable, on fouillera le sol en installant des usines, des mines actionnées par des machines perfectionnées, on retournera sens dessus dessous des contrées entières, les financiers maîtres du jour feront déclarer la guerre aux détenteurs des pays aurifères pour s'emparer de ses soi-disant richesses.

Ce déploiement irraisonné d'activité nous a conduit au résultat suivant : Qu'aujourd'hui la production annuelle de l'or et l'argent équivaut à la moitié du stock que nous légua le moyen âge (§ 10).

§ 18. — Maintenant que nous savons que le prêt à intérêts et la valeur réelle et marchande de l'or et de l'argent sont des faits accomplis, reprenons l'exemple du paragraphe 15. qui nous a fait connaître que Pierre et Paul étaient les deux seuls producteurs de richesses réelles ; il faut donc dès lors leur adjoindre le producteur de richesses factices ou producteur d'or appelé Jean. Pierre travaille la terre, Paul confectionne les vêtements, Jean cherche l'or, nous connaissons les rapports économiques entre les deux premiers.

Jean comme Pierre et Paul travaille dans sa profession ; dès qu'il aura produit 40 francs d'or il ira à son gré soit les vendre chez un marchand, soit les porter à l'hôtel de la monnaie à Paris où il recevra en échange de son lingot d'or, des pièces d'or monnayées d'un poids équivalent à celui qu'il aura remis, déduction faite seulement des frais nécessités par la fabrication des dites pièces. Ensuite, il ira trouver Pierre pour lui acheter du blé et chez Paul pour lui acheter des vêtements. Jean jette ainsi sur nos marchés une deuxième source de production, l'or, qui circulera parallèlement à côté de la première : La production agricole et sa transformation industrielle.

Dorénavant, l'or se vendra comme le pain, le vin, les vêtements. etc., avec cette différence à l'avantage de Jean, que son or se conservera presqu'indéfiniment, qu'il aura ainsi le loisir de choisir son heure pour se procurer avec lui les objets dont il aura besoin ; tandis que Pierre et Paul se verront l'un et l'autre obligés de vendre leurs produits dans un temps relativement court s'ils ne veulent pas les voir se détériorer, et s'ils ne peuvent pas les vendre avant, ils seront réduits à manquer des autres produits qui leur seront nécessaires (voir les méventes § 20). Ce qui prouve bien que l'or est le *roi des marchandises*, d'une valeur échangeable à tout instant.

§ 19. — Pour faciliter ma démonstration, j'ai supposé que Pierre, Paul et Jean travaillent individuellement pour leur compte personnel chacun ; que la somme qu'ils pouvaient épargner pour former de nouveaux capitaux était insignifiante, qu'ils consommaient à peu près tout ce qu'ils gagnaient. Depuis longtemps les travailleurs ne travaillent plus pour leur compte personnel. Le producteur agricole est sous les ordres des propriétaires et des fermiers ; l'ouvrier industriel et le chercheur d'or sous les ordres des patrons et le petit artisan qui est resté indépendant en apparence subit indirectement comme les premiers directement la loi du capital qui s'appelle salaire. Il y a donc d'un côté les travailleurs produisant les richesses, et de l'autre côté les oisifs capitalistes distribuant à leur gré ces richesses.

Le producteur recevra une faible part seulement de ces richesses pour assurer son existence et celle des siens destinés comme lui à produire un jour. L'oisif capitaliste conservera la grosse part dont une partie lui servira à vivre grassement et s'amuser, et l'autre partie à constituer de nouveaux capitaux. Depuis la valeur marchande et réelle de l'or, le capitaliste possède deux richesses ; l'une réelle, la production agricole et sa transformation industrielle qui se consomme tous les ans ; mais si cette production agricole est trop abondante, elle subira la mévente ; le capitaliste ne déboursera pas son or, pour fournir ces produits à ceux qui en ont besoin, l'autre, factice, l'or et l'argent, dont le total du stock produit jusqu'à nos jours atteint la valeur de 116 milliards dont 20 milliards semblent appartenir à la France. Cette richesse factice est la propriété exclusive du capitaliste. C'est donc à tort qu'un ouvrier dit : j'ai gagné 20 francs, il devrait dire : le capitaliste m'a prêté 20 francs (§ 46).

Nous avons vu que l'épargne réalisable sur la production agricole et sa transformation industrielle était très minime puisqu'elle se consomme tous les ans. L'or et l'argent c'est tout le contraire on n'en *consomme pas du tout*, surtout depuis qu'ils sont remplacés dans la circulation par les billets de banque (autre moyen de s'enrichir, les billets perdus ou détruits n'ayant que la valeur du papier) la production totale de l'or et de l'argent est donc forcément *épargnée* au profit bien entendu du capitaliste.

L'or et l'argent sont bien des richesses factices puisqu'ils sont incapables de nourrir une mouche, ils ne pourront donc servir qu'à édifier des capitaux de même nature, des grandes villes pour rapporter des revenus aux capitalistes et leur permettre toute sorte de jouissances. Il est bien démontré que c'est avec la *production épargne or et argent* qu'on a pu en 112 ans, accumuler 311 milliards de capitaux nouveaux représentés par la propriété urbaine ou possédés par les citadins capitalistes.

L'Or seul permet de capitaliser

§ 20. — L'or et l'argent n'ont d'autre but que celui de *permettre la capitalisation*. En effet si les 311 milliards de capitaux que se sont appropriés individuellement les capitalistes, ne s'étaient pas constitués, il en serait tout simplement résulté que la France possédant une grande quantité supplémentaire d'or, ce supplément aurait été employé en bijoux ou en monnaie; dans le second cas le pouvoir d'échange de l'or aurait singulièrement baissé, un sac de blé au lieu de valoir 17 francs aurait valu par exemple 25 francs, je ne puis préciser la proportion à défaut de statistique; mais sûrement le problème que pose cette question est le suivant : Prenons la valeur de la production agricole et sa transformation industrielle de 1793, évaluée à 2.500 millions (§ 13) et supposons à cette époque une population de 30 millions d'habitants (1); la part de chaque Français dans cette production est de 80 francs environ. Supposons maintenant que pour échanger entre eux les différents produits en 1793, c'est-à-dire pour que chaque individu ait en sa possession une somme suffisante pour acheter journellement son pain, son vin, ses vêtements, etc., les Français, aient possédé à cette époque un capital monnayé de 500 millions de francs en or et argent; ils assuraient ainsi l'échange soit 16 francs chacun ou 320 francs de marchandises par famille de 4 personnes avec 64 francs de monnaie; cette attribution ne doit pas s'écarter beaucoup de l'exactitude.

Tant que la production agricole, et sa transformation industrielle, la production de l'or et de l'argent et le nombre de ses habitants progresseront dans la même proportion, c'est-à-dire pour allouer à chaque individu 80 francs de marchandises et 16 francs de monnaie, le prix des marchandises restera invariable. Dès que cet équilibre sera rompu le prix des marchandises augmentera ou diminuera.

---

(1) Ce chiffre de 30 millions paraît exact (d'après le nouveau Larousse illustré, v. recensement). Il n'y a pas eu de recensements généraux chez les grands peuples modernes avant le XIXe siècle. En France le premier est de 1801, il fut assez mal fait et le chiffre de 33.111.962 habitants qu'il donna est très problématique. En 1815 un second dénombrement donne 29.107.425 habitants, la Restauration fit un recensement en 1821 (30.461.875 habitants).

Dans notre cas actuel la production agricole et sa transformation industrielle ne s'étant accrue que dans une proportion moindre que celle de l'or et de l'argent, les marchandises auraient dû tout simplement augmenter de prix pour rétablir la balance, ce qui n'aurait gêné personne, puisque la part de chacun en monnaie se serait accrue proportionnellement à l'augmentation totale de l'or et de l'argent. Ce n'est pas certes pour arriver à ce résultat sans profit que les capitalistes ont fait tourner le sol sens dessus dessous sacrifiant ainsi en pure perte un nombre considérable d'efforts humains.

L'Or, propriété exclusive du Capitaliste

§ 21. — Nous savons que la production agricole et sa transformation industrielle assure l'existence de tous, mais ne peut permettre la fortune à personne, la part de chaque individu ne s'élevant qu'à 307 francs (§ 24) l'épargne sur cette faible somme est insignifiante. Nous savons aussi que la surproduction agricole, c'est-à-dire au delà des besoins amène la mévente, ou la destruction des surproduits, et ne peut ainsi non plus créer une source de bénéfices capitalistes.

Pour que l'or et l'argent deviennent une nouvelle source de produits, il fallait leur trouver un placement. Ce placement s'est opéré par la création de nouveaux capitaux ou richesses factices rapportant des revenus. De plus, non seulement le capitaliste aura à l'avenir de nouveaux capitaux urbains et ruraux rapportant de gros revenus, mais il conservera aussi son or et son argent qu'en apparence il aura dépensés à l'édification des nouveaux capitaux. L'or et l'argent ne sont en réalité sortis que provisoirement de la bourse capitaliste pour y revenir après avoir décrit le mouvement suivant :

La construction d'une maison a coûté 100 mille francs, les carriers, les charretiers, les tailleurs de pierre, les maçons, les charpentiers, les couvreurs, les plâtriers, les menuisiers, les serruriers, tous ceux enfin qui auront prêté leur travail à la construction de cette maison recevront un salaire. Nous verrons que le salaire ne représente que le strict nécessaire pour réparer les forces perdues du travailleur et élever sa famille (§ 46), tous ces ouvriers qui auront reçu ensemble 100 mille francs les dépenseront pour ainsi dire au fur et à mesure qu'ils les recevront (je ne dis pas *gagneront*, mot qui semblerait indiquer qu'ils sont perdus pour le capitaliste) remettant ainsi en circulation les 100 mille francs qui continueront de passer de mains en mains jusqu'au moment où ils reviendront à la source capitaliste à qui ils appartiennent (sauf la faible épargne réalisée par les travailleurs), telle la pluie qui tombe du ciel, coule dans les petits ruisseaux, les rivières, les fleuves et enfin arrive à la mer à qui elle appartient. De même que nous ne pourrions vivre sans eau, nous ne pouvons non plus dans le régime actuel vivre sans or. En conséquence, quand le capitaliste possède tout l'or il faut qu'il le remette en circulation, c'est-à-dire qu'il fasse construire de nouvelles maisons et effectuer d'autres travaux distribuant ainsi la pâtée aux ouvriers en les faisant travailler, c'est ce que le capitaliste a pu faire jusqu'à ce jour. Je crois que son règne dans l'avenir est fini, car il ne trouvera plus le placement de ses capitaux. Nous voyons que le régime capitaliste ne peut vivre que d'un *accroissement continu de richesses factices*. Des maisons, il y en a assez et les autres grands travaux qui ont été tentés ces temps derniers, comme les chemins de fer économiques et autres, ne rapportent que peu de revenus, il est vrai qu'un certain taux d'intérêts est garanti par l'Etat ou les départements, mais cette garantie aura une fin devant les critiques incessantes dont elle est l'objet. Certainement ces chemins de fer rendent de grands services aux localités qu'ils desservent, ils sont d'un intérêt général ; mais le capitaliste ne s'occupe que de son intérêt individuel, c'est-à-dire du revenu que rapportent les capitaux ainsi placés. Les contrées dont le trafic n'assure pas au capitaliste un revenu suffisant resteront réduites aux moyens primitifs de transports, les voitures, les diligences, cependant ces contrées productrices fournissent un contingent élevé dans les richesses du pays.

Ce mouvement de l'or et de l'argent retournant toujours à la source capitaliste explique les prix fous de 4 à 5 cents mille francs qu'atteignent certains objets d'art, telles que les toiles de peintres célèbres et deux mille francs le-mètre carré le terrain, dans certains quartiers de Paris, etc., le prix d'une seule toile représente donc 100.000 journées de travail à 4 ou 5 francs par jour. Ce qui indique bien que le capital et le travail n'ont aucun rapport équitable entre eux, le second est l'esclave du premier.

Richesses réelles et factices

Définition

§ 22. — Les richesses sont réelles, indispensables et utiles ou factices et de luxe. Le travail humain, suivant qu'il produit les unes ou les autres de ces richesses est productif ou, improductif ; productif quand l'effort du travail profite à la société en produisant des choses indispensables ou utiles ; improductif si, au lieu de profiter à la société, il lui nuit comme le sont les choses factices et de luxe.

Les richesses indispensables sont celles sans lesquelles la vie est impossible, comme les aliments les vêtements, les maisons, etc.

Les richesses utiles consistent à satisfaire les premiers besoins d'une façon confortable; l'homme a besoin de bien vivre, bien se vêtir, bien s'abriter, etc., elles nous proviennent de la production agricole et de sa transformation industrielle.

Les richesses factices, comparables à l'ivraie dans les champs de blé, sont celles qui ne servent que d'instruments d'acquisition et dont le rôle ne consiste qu'à annihiler et détruire les richesses indispensables et utiles ; et comme l'ivraie et les mauvaises plantes croissent avec beaucoup plus de vigueur que les bonnes, les richesses factices suivent cette loi naturelle et croissent également beaucoup plus que les richesses réelles, ce sont l'or et les grandes villes.

Les richesses de luxe, je veux dire celles qui n'appartiennent pas à l'art proprement dit et qui sont exposées ou portées avec arrogance et orgueil pour marquer la supériorité du possesseur sur celui qui n'en possède pas, sont contraires au développement normal de l'esprit humain et à sa dignité, les équipages, les toilettes tapageuses, les riches appartements, les châteaux somptueux, etc...

Les richesses indispensables et utiles à l'existence de l'homme sont celles qui demandent le plus d'efforts. Ces efforts doivent être renouvelés tous les ans. Les richesses factices au contraire, dès qu'elles sont constituées, produisant des revenus presque éternels sans nouveaux efforts et de plus dans l'étrange organisation que nous subissons ces dernières ont beaucoup plus de valeur que les premières. Etant donné le peu d'importance des richesses de luxe, nous n'en parlons ici que pour mémoire et surtout au point de vue moral plutôt qu'économique, il n'en sera plus question au cours de cet ouvrage, réservant ainsi nos efforts contre les richesses factices, l'or et les grandes villes.

La Production agricole

§ 23. — La production agricole est l'essence même de la vie, cependant elle tient très peu de place en économie politique, cela tient à ce que dans le siècle que nous traversons où il faut avoir ses poches pleines d'or pour s'assurer une médiocre aisance, la terre n'en fournit pas assez ; de là le peu d'estime où elle est tenue, bien qu'elle nourrisse tout le monde, les bons et les mauvais. Car l'or provenant de la production agricole représente réellement des efforts humains existants, contrairement à celui des villes qui représente non seulement les efforts humains actuels, mais aussi ceux des générations passées.

Le lecteur sera étonné en examinant le tableau ci-dessous, indiquant la valeur de la production, de voir que, pour se procurer sa part ne s'élevant seulement qu'à quelques centaines de francs (245 francs environ soit 980 francs par famille de 4 personnes) il lui faut soutenir une lutte pour la vie si terrible pendant toute son existence. Et je le prie d'y bien réfléchir parce que la production agricole pose la clé du mystère et du problème qui nous enveloppe de toutes parts.

Résumé général pour la France entière de la production agricole de 1897 (*Annuaire statistique de France*, pages 108 et 109.)

Froment	1.634.297.914
Méteil	45.114.085
Seigle	200.335.783
Orge	152.806.154
Sarrazin	90.083.051
Avoine	630.194.200
Maïs	111.959.433
Colza	17.111.523
Navette	1.104.136
Œillette	3.083.042
Caméline	87.383
Chanvre :	
Filasse	17.976.088
Graine	2.271.282
Lin :	
Filasse	15.038.788
Graine	3.055.457
A reporter	2.933.613.128

Report.	2.933.613.128
Vins	754.973.903
Millet	458.085
Pommes de terre	641.970.326
Betteraves fourragères	235.622.033
Trèfle	210.412.000
Luzerne	201.567.772
Sainfoin	115.985.207
Près naturels	885.557.503
Herbages	112.150.836
Betteraves à sucre	173.186.483
Tabac	23.067.100
Houblon	2.903.977
Châtaignes	29.994.780
Noix	15.982.960
Olives	19.600.724
Pommes à cidre	81.861.065
Cidre	67.887.715
Prunes	12.315.843
Mûriers feuilles	11.367.386
Total	6.531.950771

Produits des principaux animaux.

Lait	1.204.709.825
Laine	56.411.527
Miel	10.009.951
Cire	4.686.910
Total	1.275.998.543

Total général de la production agricole : 7.807.949.011 fr.

Le tableau ci-dessus a un double défaut, il a d'abord besoin d'être expliqué pour être compris et en second lieu il est incomplet. Nous disons qu'il a besoin d'être expliqué en effet, la valeur des animaux de boucherie et la volaille n'est point indiquée dans ce tableau ; mais on doit admettre que la valeur des animaux de l'espèce bovine et ovine se trouve comprise dans celle donnée aux fourrages, foins naturels, trèfle, luzerne, maïs, betteraves fourragères, etc., qui servent à les nourrir. La valeur de l'espèce porcine et de la volaille, se trouve également englobée dans celle des pommes de terre, du sarrazin, et de l'orge. Certains cultivateurs font même consommer à leurs animaux de grande quantité de froment, seigle et avoine.

Nous disons en second lieu qu'il est incomplet et nous allons essayer de le compléter à défaut de statistiques par des déductions tirées de connaissances usuelles. Nous voyons que les valeurs du jardinage, des poissons d'eaux douces et de mer, du produit des mines de charbon et autres, des coupes de bois ne figurent point dans ce tableau, nous admettons que cette production représente 0 fr. 50 par jour et par feu, soit 9.750.000 familles à 4.875.000 francs par jour égal en 365 jours à 1.779.375.000 de francs.

Le total général de la production agricole atteint donc environ le chiffre de 9.587.324.014 francs.

Production agricole et sa transformation industrielle

§ 24. — Pour avoir le chiffre exact des richesses réelles nous devons encore ajouter aux chiffres ci-dessus la valeur de la transformation industrielle de la production agricole, c'est-à-dire la valeur acquise par exemple par le blé transformé en farine d'abord, en pain ensuite ; les animaux en viande, en cuirs, en souliers ; la laine, le coton en vêtements, etc., les minerais de fer à l'aide du charbon, en fer, acier, instruments, machines, etc. La transformation de la pierre en chaux, plâtre ; le bois en menuiserie, plancher, le sable en verre, et l'ensemble de ces matériaux en maisons.

Tous les efforts humains dépensés à cette transformation industrielle sont directement subordonnés à la production agricole qui les a enfantés. Cette dernière seule donne aux travailleurs la force nécessaire d'accomplir tous les travaux quels qu'ils soient.

Une partie de la production agricole et sa transformation industrielle sert à la consommation journalière périssable, ce sont les aliments, les vêtements, etc., l'autre partie est durable, elle représente la construction des maisons, des routes, des canaux, des chemins de fer, et s'appelle travail accumulé ou réserve capitaliste.

On se demande, en réfléchissant à toutes ces choses, comment il peut se faire que nos bibliothèques populaires et autres contiennent encore les théories erronées d'écrivains tels que : Bastiat (*Capital et rentes*, p. 165). Nous servant des erreurs du genre de celle-ci : « Pour qui sait réfléchir la terre n'a pas de valeur par elle-même », on appelle ces hommes des économistes !!

Nous avons vu (paragraphe précédent) que la production agricole est évaluée à 9.587 millions. En admettant ce qui me paraît énorme que sa transformation industrielle représente le *quart des efforts humains dépensés à la produire*, soit le quart de sa valeur ,2.500 millions, nous atteignons en chiffres ronds le total de 12 milliards, somme égale environ à celle exigée en paiement des revenus des capitaux appropriés (§ 6).

Valeur de la production agricole et sa transformation industrielle 12 milliards de francs.

§ 25. — D'un côté nous avons donc *12 milliards de pro-duction* et de l'autre côté *12 milliards de revenus à payer;* les revenus à eux seuls absorbent donc le total de la valeur des richesses réelles, ce qui parait impossible. En outre d'après les économistes les budgets de l'Etat, des départe-ments et des communes atteignent 5.300 millions, les reve-nus à payer *sont en réalité supérieurs de cette dernière somme* à la valeur de la production des richesses réelles, ce qui est de plus en plus impossible. Avec quoi en effet paiera-t-on les efforts dépensés à produire ces richesses par les cultivateurs, ouvriers et artisans ? avec le produit des capi-taux accumulés que j'appelle richesses factices que les capi-talistes ont eu soin de mettre en réserve. Il y a donc en France et dans le monde entier civilisé deux sources de richesses, les vraies et les fausses, les réelles et les factices.

La production agricole et sa transformation industrielle est la seule richesse que nous possédions réellement, et si elle venait à manquer pour une cause quelconque tout s'éva-nouirait, toutes les autres richesses deviendraient sans ob-jet. La terre, c'est la mère nourricière de tout et de tous, sans elle c'est le néant. Le roi de France avait donc raison quand il disait : le « labourage et le pâturage » sont les deux mamelles par qui la France est alimentée. Qu'on le veuille ou non c'est elle qui gouverne nos destinées malgré le rôle infime qu'elle tient dans les richesses d'aujourd'hui. D'où vient cette anomalie des capitalistes, qui après s'être appro-prié la terre dont les revenus étaient insuffisants pour sa-tisfaire leurs goûts immodérés autant qu'immoraux imagi-nèrent de créer à côté des produits de la terre, les revenus bien plus importants de l'or et des grandes villes? Pour cela ils amenèrent devant eux les bras dociles des expropriés prolétaires, artisans et autres, et s'en servirent. En agis-sant ainsi ils imitèrent le mauvais fils qui abandonne sa mère dans la détresse. Les capitalistes en abandonnant la terre et en cherchant dans l'ombre des centres urbains des satisfactions et des plaisirs que la lumière des villages au-rait rendus odieux, ont ainsi provoqué bien des misères dont ils seront responsables devant l'histoire de la société. Ah ! que je suis loin de l'avis de ceux qui disent que Paris est la « Ville Lumière » si elle est la lumière de l'exception elle est les « Ténèbres » de la généralité.

Nous avons vu que la propriété rurale est évaluée en chiffres ronds à 100 milliards. En admettant que les industries de transformation appartiennent à la propriété urbaine et que leur valeur par rapport aux produits fabriqués soit proportionnelle à celle de la production, pour 2.500 millions nous obtiendrons un capital de 25 milliards. Les capitaux ruraux et urbains produisant des richesses réelles s'élèvent donc à 125 milliards, le surplus 293.077 millions sont des richesses factices ne rapportant aucun bien-être à la collectivité et ne servent qu'à consommer. De plus cette distinction n'a qu'un but, celui de faire ressortir le peu d'importance des richesses réelles en les plaçant en regard des nombreux capitaux appropriés qui les absorbent complètement. Le chapitre suivant *Les Producteurs et les Consommateurs* nous indiquera le nombre des efforts humains productifs et la valeur exacte des richesses réelles des villes, basée sur ces efforts.

Il est incontestable que c'est à la fertilité de la terre que sont dues les richesses factices diverses, et que si cette fertilité venait à cesser, ce qui est heureusement loin, elles disparaîtraient immédiatement. Mais cependant les rapports économiques entre les ruraux et les urbains peuvent se rompre pour une autre cause, ils ne sont pas liés par des liens indissolubles. On peut même affirmer, sans craindre de contredit sérieux que, si la terre appartenait aux travailleurs agricoles, les échanges entre ces derniers et les urbains auraient cessé depuis longtemps. Car à qui fera-t-on croire que si les ruraux détenaient librement leurs produits ils consentiraient à échanger de *bonnes victuailles* dont ils se *privent pour de l'or.* Mais ils ne sont pas libres, les 3 quarts de la terre semblant appartenir au capitaliste ils sont obligés de vendre leurs *bons produits pour ce maudit or,* afin de payer ce capitaliste, soit à titre de propriétaire soit à titre de prêteur.

Les statistiques sur la division de la propriété rurale sont nombreuses, mais ne donnent pas de résultats semblables: cependant elles paraissent s'accorder sur ce point : que la moitié du sol français est possédée par 140 à 150.000 gros propriétaires possédant chacun plus de 40 hectares, et l'autre moitié par des petits propriétaires possédant de 1 hectare et au-dessous à 40 à qui sans aucun doute incombe une lourde part de la charge de la dette hypothécaire s'élevant en 1892 à 20 milliards.

Les travailleurs ruraux et urbains étant enchaînés les uns

et les autres par le capitaliste, ce dernier seul est blâmable. Mais il ne faut pas oublier que ce sont les ruraux qui détiennent *la clé du grenier d'abondance*. Et que l'agitation bien que troublante des ouvriers des villes, me paraît devoir rester stérile tant qu'elle ne sera pas secondée par les campagnes. Mais le jour qui n'est pas loin où l'union entre ces travailleurs sera faite et où les urbains prêteront main forte aux ruraux, *les richesses factices auront vécu.* Car on peut *faire la grève avec avantage à la campagne et on peut s'emparer facilement de la terre.* Le jour où les travailleurs réunis ne voudront plus reconnaître l'étalon d'or, brisant ainsi les rapports économiques qui les unissent aux villes, les grandes cités modernes rejoindront dans l'histoire les antiques qui n'ont pas dû périr pour d'autres causes.

La Prospérité des Villes

§ 26. — Maintenant que nous connaissons le rôle capitalisateur de l'or, qui rend le capitaliste maître absolu de la situation économique, nous allons le voir à l'œuvre, créant de nouvelles richesses : les villes, sans se demander si elles sont utiles ou nuisibles. Nous verrons donc les villes grossir avec une rapidité extrême, surtout après l'invention de la vapeur appliquée aux chemins de fer, qui va bouleverser de fond en comble l'existence des citoyens et leurs rapports économiques.

Désormais, les distances entre les pays seront franchies avec la vitesse de l'éclair en la comparant à celle des diligences : mais cette vitesse n'est pas non plus exigée pour les besoins de la production, elle n'a pas pour effet d'avancer seulement d'un jour la maturité des récoltes ni d'en produire davantage, elle n'a qu'un but, la course à l'argent, son vrai nom est donc la « Vitesse argent ». Je ne veux pas ici critiquer outre mesure les chemins de fer, cette étude ne faisant pas partie du sujet que je me suis imposé, mais il est certain que si on avait construit de grands canaux partout où ils étaient possibles, ils auraient eu sur les chemins de fer le triple avantage de transporter les marchandises et les voyageurs, de permettre sur leur passage, l'arrosage des prairies, et ce qui est bien plus important d'épargner le charbon qui nous fera défaut d'ici peu d'années. Mais nos économistes ne connaissent l'économie que dans les paroles et les écrits, dans la pratique ils la négligent. Ce qui nous conduit à ce résultat, que plus il y a d'ouvriers occupés, plus les bénéfices capitalistes sont élevés, et que comme conséquence les efforts humains sont ainsi dépensés à tort à travers sans soucis du produit de ces efforts ni de l'avenir de la société.

§ 27. — Nous avons supposé que la population française s'élevait en 1793 à 30 millions d'habitants; nous ne connaissons pas dans quelle proportion était répartie la population rurale et urbaine, aucun dénombrement n'ayant été fait à cette époque. Le nombre des habitants de Paris peut nous fournir une indication sur ce point : ce nombre s'élevait en 1220 à 120.000, en 1715 à 500.000, en 1810 à 600.000, en 1817 à 1.053.770, en 1902 à 2.690.345 habitants.

Il y a cinquante ans, on comptait en Europe 42 villes de 100.000 habitants; vingt ans plus tard, il y en avait 70. Il y en a aujourd'hui 150, formant un total de 47.700.000 habitants.

En 1846, 24 % de la population totale de la France habitait les villes. A présent, la proportion est de 57 %. Et l'on a calculé que tous les cinq ans près de 300 mille Français quittent la campagne pour s'établir dans les centres urbains, plus l'excédent des naissances sur la mortalité s'élevant pour la France à 444.613 de 1896 à 1901 (*Annuaire statistique de la France*, 1903, p. 23). Soit 250.000 à ajouter aux 300.000 immigrants. Au total, les villes augmentent de 550 mille habitants tous les 5 ans.

La population de la France, en 1846, était de 36.400.486 habitants ; elle était de 38.961.945 au recensement de 1901. Aujourd'hui en tenant compte de l'augmentation, environ 22.230.000 personnes habitent la ville et 16.770.000 la campagne.

Quelles sont donc les causes secondaires (nous connaissons les causes premières) qui ont amené et qui amènent tous les jours la population rurale dans les centres urbains? Il n'y en a qu'une seule : gagner davantage ou la recherche du *mieux être*, avec un effort moindre. Voilà incontestablement la véritable cause, mais qui nécessite néanmoins quelques développements. On peut affirmer, en général que, dans la population rurale, celui qui naît pauvre meurt pauvre ; que celui qui possède un patrimoine peut le conserver, mais qu'il lui est très difficile, sinon impossible, de l'augmenter. Les journaliers ruraux, qui ne possèdent pas un petit coin de terre et une maisonnette, ne peuvent *plus vivre* à la campagne. Un ouvrier robuste gagne de 300 à 350 francs par an. Dans certaines contrées, il est même impossible de gagner cette somme, comme dans d'autres on gagne un peu plus. Les domestiques des deux sexes gagnent également un salaire dérisoire. Ces maigres salaires, en raison du déboisement et du perfectionnement des instru ments agricoles, iront toujours en décroissant. Ces ouvriers sont donc obligés bon gré mal gré de venir demander à la ville l'existence qu'ils ne trouvent plus à la campagne. D'autres possédant un petit patrimoine, commerçants, industriels, viennent s'y établir ou demandent une place de fonctionnaire ou employé.

La vie rurale est monotone, remplie de privations de toutes sortes, sans aucune espérance d'améliorer sa situation, malgré un labeur pénible. La vie urbaine, au contraire, est remplie de plaisirs, de luxe, d'amusements, de jouissances pour tous les goûts, d'étalages considérables de richesses. Ceux qui gagnent de l'argent en gagnent beaucoup et travaillent peu ; malheureusement tout ce bien-être ne profite qu'à quelques-uns ; mais les villes doivent néanmoins leur prospérité aux causes ci-dessus. Tant que ces illusions persisteront, les villes continueront à s'accroître, et les capitalistes bourgeois, les petits marchands d'autrefois profiteront de ces richesses factices qu'ils ont fabriquées de toutes pièces en vue de l'exploitation. Mais dès que ces illusions feront place à la réalité. c'est-à-dire que tous ceux qui viennent chercher fortune sauront qu'ils ne peuvent rencontrer que la pauvreté et l'esclavage ; que tous ceux qui espéraient trouver le plaisir, les amusements, les jouissances et le confort, comprendront que ces avantages sont exclusivement réservés à un petit nombre de privilégiés ; qu'il n'y a pour eux que surcroît de charges déprimantes et humiliation, ce sera la débâcle ! ce sera la décadence ! débâcle et décadence qui ont déjà commencé dans quelques villes dont la population a baissé: « Lyon, Bordeaux, Lille, Toulouse, Roubaix, Besançon. Caen, Dunkerque (*Annuaire statistique de la France, 1902*, p. 3). Elles se dépeupleront aussi rapidement qu'elles se sont peuplées, et nous aurons encore devant les yeux le spectacle de la ruine des grandes cités de l'antiquité qui n'avaient. pas plus de raison d'être que celles d'aujourd'hui.

§ 28. — Nous avons admis que les efforts dépensés à la production agricole et à sa transformation industrielle se répartissent ainsi: trois quarts pour la production et un quart pour la transformation. En vertu de cette théorie 29.221.459 personnes seraient occupées dans les champs et les 0.740.486 autres à la ville (Voir répartition de la population (§ 27). Il n'y aurait donc que 12.559.514 individus de la population urbaine produisant des efforts nuls ou perdus. En ajoutant ceux de la population rurale nous arrivons à retrouver un tiers de la population qui ne produit rien. Si le producteur n'avait à sa charge que la part du travail incombaht du tiers improductif, son fardeau ne serait pas bien lourd en comparaison de ce qu'il est réellement. Mais il en est bien autrement : non seulement ce tiers de la population oisive ne fait rien; mais il s'est constitué des capitaux immenses, frappant ainsi de redevances les efforts *des générations passées :* si bien qu'aujourd'hui la production n'a plus de rapport avec le système économique ou tout au moins la répartition ne commence qu'après que le capitaliste s'est adjugé la part du Lion.

§ 29. — On se sent troublé en pensant que si tous les efforts humains dépensés à construire les cités, l'avaient été à améliorer la propriété rurale, notre sol serait comparable à un vaste jardin d'agrément. La France pourrait produire tous les ans les provisions suffisantes pour nourrir ses habitants pendant plusieurs années. On a calculé qu'un hectare de terre peut faire vivre 45 personnes. Etant donné que la France n'a même pas un habitant par hectare (exactement 72 par kilomètre carré) on voit de suite les provisions susceptibles de conservation qu'on pourrait entasser. La voilà la véritable richesse ! la véritable épargne ! qu'une notion sage devrait méditer. et non l'argent qui est incapable de nourrir un rat quelle que soit la quantité du stock accumulé. Malgré la nullité de sa valeur, tous les jours et à tous instants on n'entend parler que d'argent, et la nuit on en rêve. L'assistance publique, les œuvres de bienfaisance n'en ont pas suffisamment. On se suicide parce qu'on n'a pas d'argent Les pouvoirs publics repoussent ou ajournent aux calendes grecques les réformes ; ils n'ont, disent-ils pas d'argent. Il faut s'en procurer bon gré mal gré, sans s'occuper (ce qui est pénible pour certains) *si l'acte ou l'effort profite ou nuit à autrui.* Ce maudit siècle a posé devant l'humanité un problème bien difficile à résoudre : celui de convertir en argent les efforts humains, si divers, si complexes, d'une société civilisée et secourir ensuite ceux qui sont incapables de s'en procurer.

Et pendant que l'homme fait sa chasse avec acharnement, la terre, notre mère nourricière, ne recevant que les efforts peu nombreux des *paysans ignorants et incultes, produit en quantité.* Elle ne s'occupe pas d'argent. Mais, je m'empresse de le dire, le nom de paysan ne devrait être prononcé qu'avec respect tellement le labeur et les privations qu'il s'impose sont *méritants et grands.* Combien sont petits, en effet, ces prétendus génies, savants, intellectuels de toute sorte, de tout acabit dont le savoir ne semble consister qu'à dépouiller à leur profit ces braves cultivateurs en ne leur laissant pour part *que les os de la viande* qu'ils ont produite.

Pendant que les citadins *poursuivent l'argent* avec acharnement, en se plaignant qu'ils n'en ont pas assez, la terre produit en masse et tellement qu'il y a surproduction au point de vue capitaliste, c'est-à-dire que l'argent manque encore pour négocier l'échange. La production n'est pas au-dessus des *besoins de la consommation*, mais seulement au-dessus de *la bourse des consommateurs*. L'argent est donc également le régulateur de la production et arrête à son gré son développement. Il y a une quinzaine d'années chacun croyait ne plus boire de vin à la suite des ravages du phylloxéra ; jusqu'à cette époque la production vinicole ayant été rémunératrice, les vignobles furent replantés très rapidement. Depuis quelques années déjà nous avons la *mévente des vins*. Dès qu'un produit agricole ou autre a été rémunérateur pendant quelques années, au bout de peu, il cesse de l'être et ensuite la mévente arrive. La récente surproduction des betteraves a amené l'effondrement retentissant des sucriers qui n'est pas à l'heure actuelle complètement liquidé. Les agriculteurs français ne continuent à produire du blé que parce qu'ils sont protégés par un droit de 7 francs par 100 kilos sur les blés étrangers. Les efforts humains indispensables et utiles sont partout peu rémunérateurs ou écrasés de charges. Les paysans russes et espagnols sont disséminés par la famine. Et par un étrange revirement des choses d'ici-bas, c'est-à-dire du pouvoir illimité de ce *maudit argent* et de cette laide civilisation, pour peu que cela continue, nous verrons les *producteurs des champs venir crier famine à la porte des consommateurs des cités* qui auront tout accaparé, l'or et l'argent. A côté de la surproduction agricole il y a également la surproduction industrielle, les magasins regorgent de marchandises. Les *producteurs* seront pauvres et les *consommateurs* riches. Que dirait-il, à présent, ce grand penseur que fut J.-J. Rousseau, mort en 1778, qui déjà écrivait (*Contrat social*, pages 125 et 126.) : « Toutefois si on ne peut pas réduire l'Etat à de justes bornes, il reste encore une ressource : c'est de ne point souffrir de capitale, de faire siéger alternativement le gouvernement dans chaque ville et d'y rassembler ainsi tour à tour les états du pays. Peuplez également le territoire, étendez-y partout les mêmes droits, portez-y partout l'abondance et la vie, c'est ainsi que l'Etat deviendra tout à la fois le plus fort et le mieux gouverné qu'il soit possible. Souvenez-vous que les murs des villes ne se forment que du débris des maisons des champs. A chaque palais que je vois élever dans la capitale, je crois voir mettre en masures tout un pays. »

La richesse urbaine n'a donc que la valeur individuelle ; *capitaliste de circonstance et non une valeur économique collective ;* elle est dans la production des richesses ce que sont les parasites dans le règne végétal. Les producteurs savent bien se débarrasser dés parasites de ce règne, pourquoi ne sauraient-ils quand ils l'auront compris se débarrasser du parasite argent qui ronge et paralyse les efforts producteurs du genre humain. Nous verrons (paragraphe suivant) la fin de ce régime soit par la toute-puissance des *lois naturelles*, auxquelles l'homme ne saurait se soustraire, soit bien plus rapidement par *la volonté des déshérités.*

La Décadence des Villes

§ 30. — Les espèces animales, y compris l'homme, s'accroissent jusqu'à la limite de leur « subsistance ». Je demande pardon à nos chers croyants, dont les sincères sont les plus heureux, de les assimiler à cette espèce. Si construire de somptueuses maisons, entasser des quantités de meubles, d'objets, bijoux, monnaie or et argent, suffisaient pour « subsister » les villes pourraient continuer d'augmenter de population et Paris et ses environs pourraient atteindre 10, 15, 20 millions d'habitants. Je n'y verrais, quant à moi, aucun inconvénient. Aujourd'hui déjà la circulation *sur terre n'étant plus possible*, eh bien ! on voyage en dessous en « métropolitain » et si plus tard le métro devenait insuffisant à son tour *on voyagerait dans les airs.*

Le développement fantastique des villes n'est dû qu'à l'espérance du « *mieux être* » amenant avec lui les capitaux. Mais les capitaux sont susceptibles, aussi sauvages et effrayables que les petits oiseaux qu'une seule feuille, lancée au milieu d'eux par un coup de vent, suffit à disperser de tous côtés. (Rien n'est si fort et en même temps si prompt à s'alarmer que la propriété. Guizot.)

Supposer que l'accroissement peut continuer est insensé et ne peut être admis que par ceux qui ignorent complètement les règles les plus élémentaires de la production, et dont l'œil inexercé ne peut démêler l'enchevêtrement si complexe des rouages si habilement compliqués et combinés de notre organisation politique et sociale. Les villes marchent donc vers la décadence à grands pas, car les richesses immenses et incalculables, enfermées dans leur sein, ne sont possédées que par un nombre des plus restreints de privilégiés, à côté desquels existent une nuée formidable d'hommes dépourvus de ressources. Paris, qui passe pour être une des villes les plus riches du monde, enterre gratuitement tous les ans *547 personnes sur 1.000 décès.* Plus de la moitié de sa population *meurt dans l'indigence.* L'Angleterre dont la population atteint 38 millions d'habitants, qui est la nation la plus commerçante du monde, où les grosses fortunes sont les plus nombreuses de l'Europe est aussi la puissance où les malheureux sont les plus nombreux dans les effrayantes agglomérations dont les principales sont Londres avec 4.500.000 habitants. Birmingham 500 mille, Manchester 550 mille, Liverpool 634 mille, Salford, faubourg de Manchester 102 mille ; soit un total de 6.280.000 habitants. Toutes ces villes se soudent peu à peu par des centres populeux, dont le total atteint le chiffre de 7 à 8 millions dans un espace très restreint. Sur ce nombre de 38 millions, 5 à 6 millions d'êtres humains ne vivent que du peu que leur donne la *charité publique et privée* en plein hiver 1905 !!!

La richesse des grands centres n'est donc qu'*apparente et trompeuse*, et si pour le moment les citadins français sont moins malheureux que leurs voisins de Londres, il y en a cependant suffisamment et ces hommes, encore vaillants, voudront-ils, se laisseront-ils déprimer, anémier, sans force et sans volonté, comme les *sans-travail* de Londres dont les manifestations platoniques n'effraient pas beaucoup les dirigeants et les possédants.

§ 31. — Dès que ces vérités seront connues, étant donné que les villes n'offrent aucun avantage ni économique, ni physique, ni moral, leurs habitants les fuiront.

A. — Économiquement, la production est nulle ou nuisible.

B. — Physiquement, à la suite du manque d'air, de confort, etc., etc., c'est l'abâtardissement de notre race.

C. — Moralement, la perversité des mœurs, chacun pouvant y vivre ignoré et inconnu. La considération des autres est le seul frein opposable aux penchants du grand nombre. Dès que l'homme est inconnu, la nature bestiale de son être reprend son empire.

Les capitaux ne trouvant plus à la ville un champ libre et assez vaste pour se développer, l'immigration rurale diminue et cesse ; c'est l'état stationnaire qui, à nos yeux, commence ; mais qui est en réalité la diminution, la décadence, la débâcle, car les lois « naturelles » nous apprennent que : « L'homogène est instable », loi à laquelle les villes ne sauraient se soustraire.

Exemples : L'homme naît, grandit à un moment donné, qui est variable chez chaque individu ; il arrive au sommet de sa force, qui diminue peu à peu et meurt. Pendant toute sa vie, sa force augmente ou diminue ; à aucune période, elle n'est stationnaire.

Un homme qui cesse de s'instruire oublie ce qu'il sait ; à aucun moment son savoir n'est égal : il s'accroît ou il décroît.

Dans le règne végétal, nous observons la même évolution incessante. Un arbre sort de terre tout petit, s'élève, se développe tous les ans et finit par atteindre le maximum de sa taille, et après avoir bravé les intempéries, résisté aux ouragans et aux forces qui l'environnent, perd peu à peu ses branches, et finit par tomber et se réduit, avec le temps, à rien.

Chez les gouvernements monarchiques ou démocratiques, on observe la même instabilité ; et sans rechercher la comparaison dans l'histoire, prenons la République française : pour l'inexpérimenté en politique. C'est la République qui nous régit depuis 35 ans ; mais l'observateur remarque qu'elle fut d'abord conservatrice. Le 16 mai essaya de la renverser ; depuis, elle est tantôt opportuniste, radicale, ou radicale-socialiste, et ne s'est maintenue qu'en évoluant dans le sens des forces qui l'environnent.

Maintenant, faisons l'application de ces théories aux grandes villes. Depuis déjà longtemps jusqu'à présent la population de Paris augmente de 36.000 habitants environ tous les ans. Cette augmentation est due à l'immigration rurale. (*Annuaire statistique de la France*, 1903, p. 23). Le jour où les ruraux comprendront qu'il n'y a plus rien à gagner à Paris, ils cesseront d'y venir. La première année il y aura donc 36.000 personnes de moins, en supposant qu'elles eussent occupé un loyer annuel de chacune 200 francs : total 7.200.000 francs que les propriétaires recevront en moins. Chaque personne payant à Paris une contribution indirecte de 80 francs (§ 11 bis) total 2.880.000 francs que les finances municipales encaisseront en moins. En tenant compte que ces 36.000 personnes immigrantes sont généralement jeunes et vigoureuses et gagnent chacune 2.000 francs par an et qu'elles les dépensent, total général 72 millions qui sont perdus, soit pour le commerce parisien, soit pour les propriétaires ou les finances municipales. À ces 36.000 immigrants il y a lieu d'ajouter le surplus des décès sur les naissances (ne sont pas comprises les naissances de l'assistance publique dont les enfants sont envoyés en province), les malades qui quittent Paris pour cause de santé, les rentiers qui se retirent après fortune faite, et ceux qui n'ayant pas réussi à se faire une situation quittent également Paris. Nous sommes sûrs d'arriver à la fin de la deuxième année à une population moindre de 100.000 habitants. Pendant que la population diminuera de 100.000, les charges diminueront-elles dans la même proportion? Evidemment non, jusqu'à présent ces charges n'ont cessé d'accroître. En admettant qu'elles restent stationnaires, mais sûrement elles ne diminueront point, c'est impossible, les services publics restant absolument les mêmes. En conséquence les charges et redevances de toute nature qu'auraient eu à payer ces 100.000 personnes seront réparties entre la population effective. Les habitants de Paris gagneront moins et devront payer davantage et les finances municipales encaisseront moins et devront payer autant, peut-être davantage, je ne puis préciser, ne connaissant pas les engagements de remboursement qu'a pris la ville vis-à-vis de ses prêteurs. Mais c'est ici qu'apparaît le revers de la médaille de l'emprunt basé sur des recettes problématiques à ce moment les imprévoyants financiers municipaux connaîtront les vraies richesses et les difficultés budgétaires qu'ils n'ont pas su prévoir, avec lesquelles ils sont déjà aux prises. Tout ce qu'ils pourront dire et faire ne ramènera pas la confiance perdue, c'est la débâcle, la décadence, les immeubles tomberont à des valeurs nulles, il y aura beaucoup de vendeurs et aucun acheteur; les capitaux effrayés chercheront d'autres débouchés qu'ils ne trouveront pas. Les richesses réelles, jusque-là méconnues s'offriront en bienfaitrices de l'humanité. Et nos descendants trouveront les ruines de nos grandes villes repaires de tous les vices, édifiées sur la misère humaine, tels nous retrouvons nous-mêmes celles de l'antiquité.

On pourrait multiplier les exemples jusqu'à l'infini. En effet, dans la littérature, dans les arts, les mœurs, etc., partout le changement s'opère sans arrêt, partout l'homogène devient hétérogène et du moins hétérogène au plus hétérogène. Il n'y a donc rien de plus faux que le vieux dicton qui prédit que rien ne change, que par exemple : « Il y a toujours eu des pauvres et qu'il y en aura toujours. » Au contraire, nous l'avons démontré, tout change et quelquefois rapidement. Le xixe siècle nous fournit la preuve qu'à lui seul, il a changé les conditions économiques et morales du monde plus que les deux mille années qui l'ont précédé. Il a inauguré les chemins de fer, l'électricité, l'automobile, les machines perfectionnées, accumulé des capitaux considérables, donné à l'homme une liberté morale. Mais il a maintenu la « propriété individuelle » qui est la clef du régime pendant le règne duquel il y aura des pauvres ; mais dès qu'elle sera supprimée, il n'y aura plus de pauvres ; et la propriété individuelle n'est pas plus à l'abri de l'évolution que tout ce qui compose la nature.

L'évolution ou persistance de la force est représentée dans la société par deux forces antagonistes : la force intellectuelle et morale des privilégiés et la force matérielle des non privilégiés. Jusqu'à présent la première force a vaincu la seconde ; mais tous les jours cette dernière gagne du terrain au fur et à mesure de son développement intellectuel, et la lutte se poursuivra jusqu'au perfectionnement complet des rapports sociaux.

L'Or

§ 32. — De toutes les richesses factices, l'or arrive au premier rang, c'est avec lui et avec lui seulement qu'a pu se constituer la puissance capitaliste, c'est donc la bête noire qu'il nous faut vaincre aujourd'hui. La valeur réelle de l'or que lui attribue le régime capitaliste pour les raisons indiquées n'est que fantaisiste et imaginaire. Nos ancêtres avaient donc raison en pendant leurs financiers dès que leurs richesses paraissaient un danger pour la société. Sa valeur disproportionnée avec son poids et son volume facilite une accumulation considérable qui devient de suite un instrument de domination et d'asservissement facile et léger à manœuvrer, ce qui serait impossible avec des richesses réelles pour plusieurs motifs dont les principaux sont qu'elles ont trop peu de valeur, sont trop lourdes et trop volumineuses. Un seul capitaliste ne pourrait posséder dix milliards de marchandises car il ne pourrait les loger ni les surveiller.

Les richesses réelles ne subissent jamais d'atteinte, elles assurent en tous lieux et en tous temps l'existence humaine, il n'en est pas de même des richesses factices aussitôt que les premières se font rares ou manquent, l'or perd complètement sa valeur ou du moins le peu qu'il conserve, c'est le cas de le dire, n'est dû qu'à sa « renommée ». Nos grands-parents nous ont souvent raconté que tels et tels champs d'une valeur de plusieurs milliers de francs ont été échangés à des époques de disette et quelquefois d'accaparement pour un pain de 20 livres ; que de grands domaines agricoles ont été acquis en échange de quelques hectolitres de blé, et plus près de nous pendant le siège de Paris en 1870, des victuailles d'une valeur insignifiante en temps ordinaire se vendaient presque au poids de l'or, d'autres n'ayant aucune valeur, comme les chats, les rats, etc., se vendaient fort cher, un chat 5 francs, un rat 2 francs, etc., et encore fallait-il trouver à en acheter, ce qui, à la vérité était difficile, la valeur qu'aurait pu atteindre les richesses réelles pendant ce siège est donc inconnue, puisqu'il y en avait pas à vendre.

Mais crieront les partisans privilégiés de l'étalon d'or, tous ces cas ne sont que des exceptions. Leurs protestations ne peuvent pas cependant faire admettre qu'on puisse vivre avec de l'or. Imaginez une nation ou une île, n'ayant aucune communication possible avec les autres nations, par conséquent où les habitants sont enfermés sans moyen d'en sortir, possédant des mines d'or et d'argent plus abondantes, même que celle de l'Angleterre et du reste du monde, mais dépourvue de tout produit agricole alimentaire, leur prétendue richesse or et argent ne les sauverait pas d'une mort rapide !

Nous ne contestons pas que l'or et l'argent ont une valeur de luxe, à la condition que cette valeur de luxe n'équivaille seulement qu'à d'autres valeurs de luxe, comme les objets d'arts, etc.; mais décider froidement et légalement qu'une pièce de vingt francs vaut 4 journées de travail d'un homme ou 100 kilos de blé est un crime pour ceux qui l'imposent et une folie, pour ceux qui la reçoivent, devant l'histoire de l'humanité.

Les Producteurs et les Consommateurs

Définition

§ 33. — Par qui ont été produits les immenses capitaux que nous venons de voir? (§ 12) Les économistes officiels répondent par trois agents principaux qui sont : 1° la nature; 2° le capital; 3° le travail humain.

Par la nature ils entendent, le soleil, la terre, l'air, les cours d'eaux, etc., en un mot toutes les forces qui nous environnent visibles et invisibles, connues et inconnues.

Par capital, ils entendent : 1° les approvisionnements, c'est-à-dire les aliments servant à la vie; 2° les outils, les machines, etc.; 3° les constructions de toute nature; 4° la terre; 5° les améliorations durables du sol tels que : les clôtures, desséchements, irrigations, etc.; 6° les animaux de travail et ceux servant à la vie; 7° les matières premières destinées à la fabrication; 8° la monnaie; 9° l'eau, la neige, le vent qui servent de force motrice; 10° certaines facultés dites incorporels ce sont : le talent, l'intelligence, la beauté, la vertu, l'honneur, etc., y compris cela se conçoit, *l'homme.*

Par travail humain, ils entendent, l'effort que fait l'homme pour assurer son existence et améliorer son bien-être.

On conçoit facilement qu'une telle nomenclature des agents producteurs a été conçue non pour éclairer mais bien pour *embrouiller la question.*

La nature est en effet un agent producteur, c'est elle qui nous a produits nous-mêmes et son appropriation est donc une monstruosité, *car nous appartenons à la terre,* elle ne peut donc pas nous appartenir individuellement, ni jouer deux rôles dans la production celui *de nature* et *celui de capital* comme nous venons de le voir ; mais nos bons économistes ne sont pas gênés par si peu et, dans la définition de capital, ils vont encore plus loin en classant l'homme tantôt dans le *capital,* tantôt dans le *travail humain.* Si nous acceptions leurs dires: capital en économie politique équivaudrait au Dieu des religions, c'est-à-dire à une *inconcevabilité.*

Mais ne nous attardons pas trop longtemps à cet ergotage insensé et laissons à leurs auteurs les Leroy-Beaulieu et autres dont les gros émoluments qu'ils reçoivent justifient la *mauvaise cause* qu'ils défendent, mais que le lecteur retienne bien que le capital que nous nous proposons de démolir désigne : « *Les choses susceptibles d'appropriation* « *individuelle rapportant un revenu ou pouvant en rapper-* « *ter un.* » Ou si on aime mieux l'appropriation individuelle du travail des *autres* pour en retirer de suite un revenu, ou bien encore le parasite qui n'a que des droits et aucun devoir, qui est toujours le premier au plaisir et jamais à la peine, qui arrive au dernier moment partager le fruit du travail des autres. »

Un seul des trois agents producteurs mérite d'être retenu, lui seul produit les richesses: c'est le *Travail humain*. En effet si l'homme cessait de travailler, la production serait arrêtée, cette vérité, à la portée de toutes les intelligences, même des enfants, avait besoin d'être *cachée, masquée* et *embrouillée*, et ce n'est pas en lui adjoignant les mots capital et nature que les économistes pourront élever à la hauteur d'une *science les billevesées* qu'ils débitent.

Il est donc démontré que c'est la nature, n'appartenant pas à l'homme, qui nous distribue *gratuitement ses bienfaits ;* que le capital ne peut en aucune façon produire des richesses, à moins d'admettre que *s'emparer des richesses équivaut à les produire.* Le travail humain est donc le seul agent que nous puissions mettre en mouvement pour satisfaire plus amplement nos besoins et nos goûts.

Qu'est-ce que le travail ? c'est une des formes de l'activité humaine destinée à produire à son auteur et à ses semblables *un certain bien-être :* Un homme se promène, danse, chante; cela n'est pas un travail généralement, c'est une distraction ; mais le facteur en distribuant ses lettres, le danseur et le chanteur d'opéra et de café concert qui ne font qu'un effort équivalent au premier effectuent un travail, l'un d'utilité l'autre d'agrément. Mais si le travail n'a qu'un but, celui de dépouiller ses semblables, non seulement il est *inutile,* il est également *nuisible;* c'est un effort *perdu pour la société.* Le travail de tous ceux dont les efforts consiste à maintenir la propriété individuelle, et de ceux qui sont obligés d'obéir aveuglément aux ordres du capital rentre dans cette dernière catégorie. Autant le premier est légitime et louable, autant le second est illégitime et critiquable. Il y a donc deux sortes d'efforts, le travail utile et le travail inutile et nuisible, le premier produit des richesses réelles, et le second des richesses factices.

Les Efforts utiles

§ 34. — On distingue deux sortes de travaux, le travail manuel ou physique, et le travail intellectuel ou nerveux, ils sont aussi productifs l'un que l'autre surtout dans une société comme la nôtre où le goût des arts et des sciences est si développé. L'ingénieur qui a combiné les rouages d'une machine est aussi producteur que les ouvriers fondeurs et ajusteurs qui ont fait les diverses pièces dont elle est composée. Le professeur d'agriculture qui par ses conférences multiples enseigne aux cultivateurs l'art d'ensemencer, d'élever le bétail, etc., est aussi producteur que les cultivateurs. L'architecte qui a arrêté les proportions, combiné les matériaux et fait le plan d'un bâtiment est aussi producteur que le maçon, le charpentier, le menuisier, le serrurier, le couvreur, etc., qui ont effectivement construit la maison. Le médecin qui donne ses soins aux malades souvent le jour et la nuit est également un producteur parce qu'il sauve d'une mort certaine d'autres producteurs.

Les professeurs d'histoire, de sciences, les instituteurs, les transporteurs, les commerçants en nombre limités, les ouvriers de toutes professions sont également des producteurs. En un mot tous les travailleurs, soit physiques ou intellectuels dont l'effort consiste à produire un bien-être matériel ou moral à la société, sont des producteurs et rendent un service égal. Ce qu'il y a de plus regrettable c'est la différence énorme qui existe entre la rémunération des intellectuels et des manuels. Les efforts intellectuels sont largement rétribués et sont peu pénibles, et ne courent aucun risque, tandis que les efforts manuels, par suite de leur durée excessive sont pénibles, déprimants et remplis de risques, ne reçoivent que l'équivalent des forces dépensées à produire l'effort, de sorte qu'il faut répéter tous les jours de sa vie le même effort pour vivre misérablement; aucune raison logique n'est donnée pour justifier cette énorme différence de rétribution, que je n'hésite pas à qualifier d'inhumaine.

Lorsque le cultivateur supporte toutes les intempéries pour faire venir le blé et élever le bétail, et la volaille, et doit se contenter de boire de l'eau et manger des légumes, quels sont donc les bons arguments que l'on donnera pour soutenir qu'il ne rend pas autant de service à la société qu'un professeur? Les terrassiers et autres qui en ce moment travaillent sous terre, sous la Seine à la construction du métropolitain, rendent bien autant de services que les ingénieurs qui conduisent les travaux de chez eux *au coin du feu*. Les ouvriers boulangers, charcutiers, épiciers, vignerons et autres, qui distribuent journellement la vie, rendent bien autrement de services que les médecins.

Il est incontestable que l'effort musculaire vaut l'effort intellectuel, car beaucoup d'hommes qui sont capables de produire le dernier seraient incapables de fournir *le premier*.

En passant c'est avec regret et tristesse que je constate que la *classe ouvrière* n'a jamais songé à réclamer l'*égalité des salaires*, ramenant ainsi l'harmonie entre elle, en s'élevant ainsi à une *hauteur morale* qui permet de tout espérer, en déjouant le capitaliste qui ne cherche qu'à créer *des divisions*, *des jalousies* par l'inégalité de la rétribution.

En outre, dans une société les efforts intellectuels sont limités, il en faut un certain nombre, pas davantage; tandis que les efforts physiques sont illimités, c'est-à-dire que suivant la nécessité on augmente ou on diminue la journée de travail de chacun; s'il n'en est pas ainsi, on voit comme de nos jours apparaître les sans-travail, le chômage. En serrant de plus près la question, on aperçoit de suite que dans une société raisonnable future, chaque homme aurait le désir et la volonté de s'élever tout au moins en savoir à la hauteur de nos intellectuels des professions libérales qui deviendraient sans objet. Tout homme (je ne parle jamais des femmes, il est bien entendu une fois pour toutes qu'elles ont les mêmes droits), tout homme, dis-je, devrait donc fournir d'abord un travail manuel ou physique qui est indispensable à la *santé* et la garantie d'un *développement physique et intellectuel*. S'il en était ainsi nous verrions apparaître rapidement une nuée de savants sains et vigoureux, aux idées aussi saines que le corps, qui remplaceraient nos *présomptueux énervés* d'aujourd'hui.

Les Efforts perdus

§ 35. — Tous ceux dont le travail n'a pas pour but un bien-être personnel et collectif produisent un effort *inutile, nuisible, nul et perdu*. Ce sont d'abord les *législateurs* : comment admettre raisonnablement que l'homme, cette poussière de l'univers, ce brin de paille, ce petit être à qui la nature fait crédit de la vie ou qu'elle engloutit dans la mort, suivant qu'elle est calme ou en fureur, s'arroge le droit de confectionner des lois, lui qui n'a ni la faculté de créer ni de faire disparaître une seule goutte d'eau ! Les agents de change, gens de bourse financière ou commerciale ; avocats, agréés, avoués, notaires, huissiers, officiers, soldats et marins, curés, moines, pasteurs, rabins, fonctionnaires, employés d'État et des communes, juges, police, gendarmerie, un trop grand nombre de commerçants. Tous les domestiques des deux sexes et les employés occupés par ces diverses professions sont également des efforts perdus et même nuisibles.

Ce qui malheureusement est pire encore, c'est que tous les efforts utiles qui ont produit le pain, la viande, le vin, dont tous ces parasites se nourrissent, les vêtements dont ils se couvrent, les maisons dans lesquelles ils s'abritent, les voitures dans lesquelles ils se promènent, les théâtres, concerts où ils s'amusent, sont également des efforts perdus ; toutes ces professions inutiles ne donnant rien d'appréciable en échange de ce qu'ils reçoivent, étant donné que tout homme qui *consomme* doit *en échange produire l'équivalent* sans quoi il est à la charge de la société, absolument comme les animaux nuisibles, le loup, le renard, etc., qui pendant leur vie ne font que du mal en consommant les produits des efforts utiles et à leur mort, quand ils sont capturés, ne rendent aucun service, leur chair n'ayant aucune valeur, ne parlons pas de leur peau.

Les producteurs utiles ont donc le même intérêt à se débarrasser de consommateurs improducteurs qu'ils ont à se débarrasser des animaux malfaisants : oh, c'est entendu pas par les mêmes moyens, ce serait inhumain.

Les échanges entre Ruraux et Urbains

§ 36. — Suivant que les travailleurs fournissent des efforts utiles ou inutiles, nous savons qu'ils produisent des richesses réelles ou factices. Nous allons examiner d'abord les rapports entre ces deux richesses.

Le nombre des producteurs agricoles nous est inconnu, tout ce que nous savons, c'est que la population rurale compte 16.661.945 habitants, parmi lesquels il y a des rentiers, des boulangers, cordonniers, épiciers, tailleurs, instituteurs, curés, etc., laissons de côté les rentiers pour ne pas compliquer le problème et supposons que toute cette population soit active. Personne ne peut contester que les 22.300.000 urbains soient nourris et entretenus de tout par les ruraux (notre importation est sensiblement égale à notre exportation). Que reçoivent ces derniers en échange ? Dire que la population rurale suffit à tous ses besoins n'est pas tout à fait exact mais peu s'en faut. Voilà ce qu'ils reçoivent des urbains : le fer, l'acier pour outils, les quelques machines agricoles, le drap pour vêtements, le linge, l'épicerie, etc., il ne faut pas oublier que tous ces produits n'ont subi à la ville que l'effort de la transformation industrielle. Je suis certain que les ruraux *donnent dix* quand ils reçoivent *un des urbains*, c'est-à-dire qu'ils donnent dix journées de travail et qu'en échange, ils n'en reçoivent qu'une seule ; pour parfaire cette différence ils touchent de l'or, valeur factice. On ne sera donc plus étonné s'ils sont maigres, si les femmes de 25 ans paraissent déjà vieilles, à la suite des dures privations qu'elles sont obligées de s'imposer, en envoyant dans les villes des produits qui leur seraient de *première nécessité*. Les ruraux produisent entièrement la vraie richesse nationale et ne consomment que les *déchets* de leur énorme production ; la science ne fait rien pour eux, ils ne profitent pas des chemins de fer, du gaz, de l'électricité et autres inventions, qui sont réservées aux consommateurs urbains. Pour connaître le nombre des véritables producteurs travaillant utilement il y a lieu d'ajouter à la population rurale le dixième dont nous venons de parler *au total* 18.328.140. Le surplus de la population française 20.633.775 vit dans l'oisiveté ou *travaille d'une façon improductive*. Ses efforts sont perdus, et en aucun cas elle ne rend l'équivalent de ce qu'elle reçoit de la population rurale. Pour bien préciser citons un exemple : supposons ce que nous ne désirons pas, qu'à la suite de bouleversements géologiques tels que à la Martinique, un grand nombre de villes disparaissent. Quelles conséquences économiques en résulterait-il pour les ruraux ? la réponse est bien simple, ils consommeraient eux-mêmes les produits qui alimentaient ces villes, de maigres qu'ils sont ils deviendraient gras. Si nous avons poussé à une limite extrême cette démonstration, loin de nous cependant l'idée de mettre aux prises les *miséreux campagnards* avec les *miséreux citadins*, au contraire, nous poursuivons le but de les unir et de voir leurs pensées communes viser ensemble le chemin de la délivrance et s'élever, comme disait Gambetta, à la hauteur des maux qui fondent non sur la Patrie, *mais sur eux*.

Mais nous avons voulu démontrer que ceux qui ne produisent rien d'utile sont des parasites et ne paient rien et que au fond, les théories que prêchent certains financiers municipaux en herbe, en disant que Paris qui représente le huitième de la population française paie à lui seul le cinquième des contributions du pays, sont des théories absolument fausses.

Les ruraux produisent tous les ans les marchandises agricoles nécessaires à *la population entière*. Les urbains produisent tous les ans une quantité invariable de revenus en or provenant des maisons, valeurs mobilières, etc., que ni la gelée, ni la grêle, ni les intempéries de toute nature ne modifient, plus une certaine *quantité d'or*, qui s'ajoute au stock accumulé par nos ancêtres et nos contemporains. Il y a aujourd'hui 116 milliards d'or et d'argent dans le monde et une production annuelle de 1,520 millions en tenant compte du développement incessant des mines d'or et d'argent, il est probable que ce stock de 116 milliards sera doublé peut-être avant 60 ans. De ce qui précède il résulte que les richesses réelles agricoles se *consomment tous les ans*, et les richesses factices, l'or s'accroissant *tous les ans* de la production annuelle, les villes alimentées par l'or font comme ce dernier, c'est-à-dire augmentent de population, tandis que les campagnes alimentées par la production agricole, qui ne permet pas l'épargne se *dépeuplent*, il en sera ainsi tant que durera le régime de *l'étalon d'or*.

Bien que les ruraux soient les seuls producteurs de vraies richesses et que les urbains ne soient que des consommateurs, le capitaliste gouvernant ayant *enchaîné* solidairement avec l'étalon d'or les *travailleurs des villes et des champs* hors de leur volonté, ce n'est donc pas de la faute des premiers s'ils fournissent des efforts perdus pour la société et ils doivent bénéficier de nos égards aussi bien que les seconds. — Nous allons maintenant examiner les charges capitalistes qui pèsent sur les travailleurs.

Divisions des Richesses et des Charges

§ 37. — Nous avons vu que les capitaux appropriés atteignent 418.077 millions de francs et les revenus 12.542 millions de francs. En admettant que les 18 milliards 077 millions représentent les bijoux, objets d'art, etc., ne rapportant aucun revenu (tous cependant sont susceptibles d'en rapporter un), le surplus 400 milliards productifs d'intérêts à 3 pour 100 atteint 12 milliards de francs de revenus.

La part de chaque Français en capital s'élève
à .... Fr. 10.719   »
Par famille de 4 personnes à.......................... 42.876   »
En revenu par tête à....................................... 307   »
Par famille de 4 personnes à.......................... 1.228

Ces revenus seraient suffisants à faire vivre dans *l'oisiveté la France entière* si elle se contentait de la vie rurale, et même de la vie urbaine, si elle était affranchie des nombreuses redevances capitalistes, car en dehors de ces redevances, économiquement, la vie urbaine n'est augmentée que du prix de transport des marchandises, mais, disons-le bien vite, cela est impossible quel que soit le montant des revenus ; jamais l'humanité ne pourra vivre sans travailler, ce qui prouve bien que *l'étalon d'or capitaliste, est plus faux que la fausse monnaie*.

Chaque famille connaît maintenant sa situation. Bénéficie du régime capitaliste (dans la mesure de bien-être qu'il peut donner) celle qui possède 42.876 francs de capital et 1.228 fr. de revenus ; en est victime celle qui ne les a pas.

Il y a, d'un côté les capitalistes qui reçoivent les revenus et de l'autre les travailleurs qui les fournissent, ces derniers

seuls *paient l'impôt, les revenus,* en un mot toutes *les redevances sociales.*

En conséquence le taux des salaires *est frappé d'une redevance capitaliste de 1.228 francs* que chaque travailleur représentant une famille doit supporter, plus le bénéfice de
la spéculation sur les marchandises que nous ne pouvons connaître, ainsi que les émoluments des professions dites libérales, qui, en fait, constituent un capital
rapportant des revenus. Doit être considéré comme revenu le supplément que gagnent ces professions au-dessus
du salaire moyen; exemple : à Paris le salaire moyen est de
3 fr. 50 environ par jour. Les premiers 3 fr. 50 que gagnent
journellement ces professions représentent les salaires et
les 10, 15, 20, 50 francs au-dessus de 3 fr. 50 les revenus.
Mais, pour être juste, il faut bien reconnaître que 3 fr. 50
n'est qu'un salaire de famine, il serait inhumain de taxer
de revenus ceux peu élevés au-dessus de cette faible rémunération. Ne seront donc considérés comme revenus que le
surplus des appointement dépassant une douzaine de francs,
ceux-là seuls permettent de capitaliser sans priver le travailleur du nécessaire.

Ce n'est donc plus 1.228 francs que doit payer annuellement chaque travailleur mais bien 1.500 ou 1.600 francs.

Les Travailleurs seuls produisent les richesses et fournissent à la société les redevances de toute nature.

§ 38. — Le rôle que joue le capitaliste dans la société est
bien simple, il se borne à toucher les revenus de ses terres,
de ses maisons, de ses valeurs mobilières ou de sa siné-
cure. Le *seul effort* qu'il fait pour se procurer son or est
celui de passer, chez ses fermiers, locataires, aux caisses
publiques et privées (s'il est assez riche il fait faire cet effort
par un mandataire). Dire que le capitaliste fournit une contribution quelconque de richesses à la nation est le *plus
grossier mensonge.* L'or qu'il donne en échange des services qu'il exige n'a donc aucune valeur puisqu'il représente,
non son effort personnel, mais bien celui des autres, passés
ou présents. L'impôt et toutes les redevances sociales sont
donc supportés *exclusivement par le travail;* par conséquent
celui qui ne *travaille pas ne paie rien du tout.* Non seulement
cet or ne coûte aucun effort au capitaliste, mais il lui sert, ce
qui est abominable, à détourner de sa *voie naturelle à son
profit* les efforts humains dont 20.633.800 de la population

française sont dépensés à ne produire aucune richesse, *ils sont réellement perdus.*

Travailleurs des villes et des champs, sachez bien que le capitaliste dans les grandes villes est sur son trône, abrité derrière son or, comme jadis la féodalité derrière ses châteaux forts; toutes les tentatives pour l'en déloger *seront vaines* pendant longtemps. Regardez son *or avec dédain,* jetez vos yeux, vos regards vers la *terre votre mère* nourricière, la seule *richesse de l'humanité.* Le capitaliste s'est emparé d'elle pour vous asservir. Imitez son exemple, reprenez *la terre,* si vous voulez vous *affranchir.*

Les Moyens d'acquérir le Capital

Le Droit du plus fort

§ 39. — Il s'agit maintenant d'examiner successivement les divers moyens employés par le capitaliste pour s'approprier les richesses existantes et le travail actuel d'autrui. Les premiers modes d'acquisitions individuelles, tels que le partage des terres entre les seigneurs féodaux, l'expropriation de la petite propriété paysanne et patriarcale, les dotations des héritiers et courtisans royaux, les majorats, les concessions et autres, n'ont été acquis et ne se sont maintenus que par le droit du plus fort, qui, de nos jours encore, est en vigueur, masqué sous des apparences moins criardes, c'est la seule différence. J.-J. Rousseau (1712 à 1778) définit ainsi ce prétendu droit du plus fort : « Le plus fort n'est jamais assez fort pour être toujours le maître, s'il ne transforme sa *force en droit et l'obéissance en devoir.* de là droit du plus fort, droit pris ironiquement en apparence et réellement établi en principe. Mais ne vous expliquera-t-on jamais ce mot? la force est une puissance physique ; je ne vois point quelle moralité peut résulter de ses effets. Céder à la force est un acte de nécessité ; *non de volonté*, c'est tout au plus un acte de prudence. En quel sens pourra-ce être un devoir. Supposons un moment ce prétendu droit, je dis qu'il n'en résulte qu'un galimatias inexplicable ; car sitôt que c'est la force qui fait le droit, l'effet change avec la cause ; toute force qui surmonte la première succède à son droit, sitôt qu'on peut désobéir *impunément* on le peut *légitimement* ; et puisque le plus fort a toujours raison, il ne s'agit que faire en sorte qu'on soit plus fort, or qu'est-ce qu'un droit qui périt quand la force cesse? S'il faut obéir par force on n'a pas besoin d'obéir par devoir ; et si l'on n'est plus forcé d'obéir, on n'y est plus obligé. On voit donc que le mot *droit n'ajoute rien à la force*, il ne signifie ici rien du tout. » (J.-J. Rousseau, Contrat social, p. 10.)

Il n'est pas possible de mieux définir ce droit. Les capitaux ainsi acquis et transmis depuis sont donc *injustement possédés*.

Le lecteur a déjà compris que droit et loi sont synonymes: que ce qui a été dit ci-dessus du droit s'applique également à la loi.

Loi (du latin ligare, lier); le mot lier donne bien à lui seul sa signification. Décision votée par les assemblées délibérantes à la majorité, qui règle, ordonne, permet ou défend certains actes, et *imposée par la force*. Toutes les lois existantes, quels que soient leur nombre et leur nom, n'ont qu'un but, celui d'assurer la possession de la propriété individuelle. Supprimez la propriété individuelle, il n'y aura plus besoin de lois ; les nations se conformeront aux lois naturelles, c'est-à-dire la science, laquelle est infaillible.

L'Épargne

§ 40. — Tous les capitaux, répondront les économistes, n'ont pas été acquis par la force. Du reste, un grand nombre se sont constitués de date récente, sans aucune violence (cela est vrai) et sont le fruit de l'épargne ; c'est-à-dire que l'homme convertit en capitaux ce qu'il n'a pas consommé. Ces capitaux auraient l'apparence de l'équité, s'il existait un étalon servant de mesure à la valeur du travail humain, nous verrons dans la suite que cet étalon n'existe pas. Même si le travail était mesurable, l'homme ne pourrait épargner que pour lui, et ne jamais ramener cette épargne au bas rôle d'instrument d'exploitation, c'est-à-dire en une source de revenus, car la capitalisation, une fois commencée, se continue sans interruption, et les capitalistes finissent par posséder tout ce qui est susceptible d'appropriation individuelle. C'est le cas de notre époque. On peut dire, avec autorité et sans crainte d'être contredit, que si nous jouissons librement de la chaleur du soleil, notre grand maître, et si nous respirons l'air gratuitement c'est qu'il n'est pas possible de se les approprier.

Il est donc impossible aujourd'hui plus qu'à toute autre époque, à celui qui n'a que sa force de travail, de pouvoir épargner, tellement les revenus qu'il doit payer, sont considérables.

Le droit du plus fort et l'épargne sont donc les deux seuls moyens de capitalisation. Cette dernière est insignifiante lorsqu'elle est prélevée seulement sur le produit du travail ; mais elle devient considérable quand elle est alimentée par les revenus provenant des fermages, des loyers et des intérêts (1).

Fermage, Loyer et Intérêt

§ 41. — Les capitaux n'ont réellement de valeur que parce qu'ils rapportent des revenus. Sans quoi nul n'aurait intérêt à

____

(1) Ces trois mots ont la même signification : redevance imposée par le possesseur d'un capital à celui à qui il transfère la jouissance.

en posséder un nombre au-dessus de ses besoins. On se contenterait de posséder ceux qui sont indispensables à l'existence; par exemple : la maison, les vêtements, la nourriture. Le revenu est donc le seul but poursuivi. Malheureusement ce but n'a pas de limites, le nécessaire a des bornes, le superflu n'en a pas (1). En conséquence, plus l'homme possède, plus il veut posséder, assouvissant ainsi ses besoins, ses goûts, ses caprices, ses passions, etc., suivant la rondeur de sa bourse.

Ces revenus s'appellent fermages, loyers, et intérêts. Fermage, s'il s'agit de biens ruraux, loyers, pour les maisons et intérêts pour les prêts d'argent aux particuliers, aux départements et aux communes. L'intérêt payé par l'Etat à ses prêteurs s'appelle la rente; on dit souvent rente « perpétuelle » parce que l'Etat ne s'est engagé qu'à payer le revenu; le capital prêté n'est pas remboursable.

Les capitaux n'ayant pas d'origine équitable, le revenu, l'intérêt qui en dépendent, directement sont comme les premiers injustes. aussi les philosophes se sont-ils élevés contre, de tout temps. Aristote (I. C., p. 10), s'exprime ainsi : « La chrématistique, est une science double ; d'un côté, elle se rapporte au commerce, de l'autre à l'économie ; sous ce dernier rapport, elle est louable et nécessaire, sous le premier qui a pour base la circulation, elle est justement blâmable

______

(1) Aristote oppose l'Economique à la Chrématistique. La première est son point de départ en tant qu'elle est l'art d'acquérir. Elle se borne à procurer les biens nécessaires à la vie et utiles, soit au foyer domestique, soit à l'Etat. La vraie richesse consiste en des valeurs d'usage de ce genre, car la quantité des choses qui peuvent suffire pour rendre la vie heureuse n'est pas illimitée. Mais il est un autre art d'acquérir auquel on peut donner à juste titre le nom de chrématistique, qui fait qu'il semble n'y avoir aucune limite à la richesse et à la possession. La chrématistique se distingue de l'économique en ce sens que pour elle la circulation est la source de la richesse, et elle semble pivoter autour de l'argent, car l'argent est le commencement et la fin de ce genre d'échange. C'est pourquoi aussi la richesse, telle que l'a en vue la chrématistique est illimitée. De même que tout art qui a son but en lui-même, peut être dit infini dans sa tendance, parce qu'il cherche toujours à s'approcher de plus en plus de ce but, à la différence des arts dont le but tout extérieur est vite atteint; de même la chrématistique est infinie de sa nature, car ce qu'elle poursuit est la richesse absolue. L'économique est limitée, la chrématistique, non. La première se propose autre chose que l'argent; la seconde poursuit son augmentation. C'est pour avoir confondu ces deux formes que quelques uns ont cru à tort que l'acquisition de l'argent et son accroissement à l'infini étaient le but final de l'économique. (Aristote de Rip. éd. Bekker, lib. I. c. 8 et 9. *passim*).

(car elle se fonde non sur la nature des choses, mais sur une duperie réciproque, c'est pourquoi l'usurier est haï à juste titre, parce que l'argent lui-même devient ici un moyen d'acquérir et ne sert pas à l'usage pour lequel il avait *été inventé*. Sa destination était de favoriser l'échange des marchandises ; mais l'intérêt fait de l'argent plus d'argent. De là son nom (Τοχοχ, né, engendré) car les enfants sont semblables aux parents. De toutes ces manières d'acquérir, c'est celle qui est le plus contre nature. »

L'ancien droit français, c'est-à-dire avant 1793, était de l'avis du savant grec et interdisait sous peine de fortes punitions le prêt à intérêt dénommé « usure » (§ 15). Le code civil qui lui succéda, en décrétant d'intérêt légal les taux de 5 ou 6 % suivant que le prêt serait civil ou commercial, engendrait ainsi l'effroyable capital d'aujourd'hui, lequel à son tour engendre l'oisiveté et le vice. Tous les gouvernements suivants l'ont maintenu, et tous ont été les premiers à faire usage pour leurs propres comptes du prêt à intérêt. Si l'État d'aujourd'hui jouit d'une grande confiance justifiée ou injustifiée il n'en fut pas toujours ainsi. Pour amener les capitaux dans ses caisses (pas d'argent pas de suisse, pas d'argent pas d'État non plus). L'État vota la loi du 8 nivôse, an VI, ordonnant que les capitaux qui lui seraient confiés seraient à l'abri, des *poursuites des créanciers, des prêteurs*, c'est-à-dire *insaisissables*. Depuis cette mesure a été soigneusement maintenue bien que contraire aux règles les plus élémentaires du prétendu droit et de la solidité de notre crédit ; aussi la cour de cassation déclare les titres de rente saisissables ; mais le conseil d'État est là qui dit non !

La légalité du prêt à intérêt nous a légué le service des intérêts d'une dette nationale de 45 à 50 milliards et d'une dette privée bien plus importante.

La Valeur, le Prix

§ 42. — Les économistes définissent ainsi ces deux mots « valeur et prix » lesquels sont synonymes. La *valeur est la propriété qu'a tel objet de s'échanger contre un certain nombre d'autres* ; cette propriété d'échange est égale et proportionnelle à l'effort humain dépensé pour produire chaque objet. Si l'échange a lieu comme de nos jours avec de la monnaie, on remplace généralement le mot valeur par celui de prix.

Cette théorie était vraie en partie tant que l'or n'avait que le pouvoir d'échange, c'est-à-dire remplaçait le *troc* (§ 3). Mais depuis que l'or a acquis la valeur marchande ou réelle, elle est aussi fausse que la fausse monnaie, ce que nous allons démontrer.

Les efforts humains (travail) consistent à produire :

1º Des objets de consommation, d'entretien, etc., rapidement périssables appelés capitaux fongibles.

2º Ou à construire des maisons, à effectuer des travaux, etc., d'une longue durée appelés capitaux fixes ou stables.

Les hommes produisant une quantité d'objets semblables au delà de leurs besoins sont obligés d'échanger le surplus pour d'autres objets qui leur sont nécessaires.

Y a-t-il une marchandise possédant une valeur réelle pour échanger toutes les autres ou capitaux fongibles, l'effort humain est-il mesurable quand il édifie des capitaux stables ? Qu'est-ce que le salaire ou autre mode de rémunération de l'effort? Autant de questions que nous avons à résoudre dans ce chapitre.

§ 43. — On pourrait à la rigueur mesurer la valeur des objets de consommation, les capitaux fongibles, le pain, le bois, le vin, le charbon, etc., en prenant pour base que « *la valeur d'un objet est représentée par l'effort humain dépensé à le produire* ». Par exemple, un cultivateur produit un hectolitre de blé pendant que le bûcheron exploite 5 stères de bois. Un vigneron produit un hectolitre de vin pendant que le mineur extrait deux tonnes de houille. Un boucher distribue la viande à 50 familles pendant que le cordonnier fabrique une paire de bottes, etc. Tous ces efforts sont les équivalents les uns des autres, c'est-à-dire l'hectolitre de blé vaut 5 stères de bois, l'hectolitre de vin vaut deux tonnes de houille, etc., et réciproquement les produits sont d'égale valeur.

Nous savons que depuis longtemps le troc est impossible dans les sociétés civilisées dont les besoins sont si multiples. Il fallait donc trouver une marchandise pour servir à échanger toutes les autres. L'or et l'argent furent adoptés d'abord avec le seul pouvoir d'échange et depuis 1703 elle devient une valeur réelle et marchande (§ 15), c'est-à-dire que « l'or représente réellement la *valeur de l'effort humain et lui sert d'équivalent.* »

Nous voici arrivés au point le plus important, le seul important de notre système économique. Aussi les économistes bourgeois glissent rapidement dessus ou l'escamotent; ils sont dans leur rôle; mais je suis surpris que Karl Marx qui jouit d'une si grande autorité dans le monde des philanthropes et des socialistes ne se soit pas séparé des autres économistes sur ce point qui forme la base du système économique universel. « *L'or représente-t-il la valeur de l'effort humain et doit-il lui servir d'équivalent* ». Oui répond Karl Marx. La valeur propre de l'or est déterminée par le temps de travail nécessaire à sa production, et s'exprime dans le *quantum* de toute autre marchandise qui a exigé un travail de même durée. Exemples : Si un homme peut livrer à Londres une once d'argent extraite des mines du Pérou, dans le même temps qu'il faudrait pour produire un boisseau de grains, alors l'un est le prix naturel de l'autre. (Karl Marx, 2ᵉ colonne, page 37.) Et plus loin il ajoute : Une mine d'or rapporte quelquefois moins à ses actionnaires qu'une mine de charbon rapporte aux siens.

Ces exemples, qui paraissent raisonnables à première vue, ne résistent pas à l'examen et ne prouvent rien, en restant placé sur la question que nous examinons. En admettant en effet qu'il faille autant de temps pour extraire 17 francs d'or que pour produire un hectolitre de blé, les deux efforts humains sont l'équivalent l'un de l'autre ; mais on s'aperçoit de suite : 1º que l'hectolitre du blé sera consommé au bout de 2 à 3 ans au plus tard et aura ainsi perdu toute sa valeur, il ne restera plus rien de l'effort qui l'aura produit, tandis que les 17 francs d'or n'auront pas perdu un centime de leur valeur, laquelle persistera pendant des milliers d'années.

2º Que d'un côté il y a une richesse en blé réelle et indispensable qui périra en peu d'années. De l'autre côté une richesse en or factice non indispensable qui circulera pendant l'éternité.

La production du blé et autres marchandises de valeur utiles et indispensables sont limités au besoin de la consommation, car si on en produisait au delà de ces besoins le surplus deviendrait sans objet et perdrait complètement sa valeur faute de consommateurs pendant la période de sa conservation. Ce qui oblige à renouveler cette production limitée tous les ans.

La production de l'or, valeur factice et non indispensable, au contraire est illimitée étant donné sa conservation indéfinie. Il est donc, impossible d'établir une valeur comparative entre des choses, dont les unes utiles sont consommées de suite et d'autres inutiles comme l'or et l'argent qui ne peuvent pas être consommés se conservent indéfiniment.

Nous voyons que la différence qui sépare ces deux productions est énorme. En conséquence, tous les objets y compris l'or et l'argent, qui n'ont pas pour effet direct de *donner, conserver* ou *préserver* la *force nécessaire* à l'homme pour *produire* de nouveaux efforts n'ont *aucune valeur*. On dira, l'or a bien une valeur de luxe, nous ne contestons pas cette dernière, mais alors qu'il ne serve d'équivalent qu'aux choses de luxe de sa nature superflue et non aux choses de première nécessité et quand le producteur reçoit l'or comme équivalent d'une chose indispensable, il accepte un marché de dupe, il s'enchaîne.

Les objets de consommation ou capitaux fongibles ne peuvent avoir d'équivalent qu'entre eux ; aucune *marchandise, or, argent*, etc., *ne possèdent valablement une valeur égale.*

§ 44. — Si l'or ne peut servir d'étalon équivalent à l'effet humain dans la production des objets de consommation, comment pourra-t-il servir à mesurer cet effort dans l'édification des capitaux fixes ou stables dont la durée est illimitée comme la terre, les routes, les chemins de fer, les canaux ; inconnue et inappréciable, comme les maisons, etc ?

La valeur de cet effort est donc subordonnée à la durée illimitée et inappréciable de ces capitaux ; en d'autres termes ce n'est que quand ces *capitaux périront que la valeur de l'effort humain qui les a édifiés pourra être mesuré.*

Exemples : Un hectare de terre labourable vaut en moyenne mille francs (je ne parle pas ici de la valeur exhorbitante qu'il atteint dans les villes) ; quel est l'étalon qui a pu indiquer cette valeur de 1.000 francs ? Aucun être humain n'a concouru à sa formation, la terre existe depuis des millions d'années, il n'y a peut-être pas de mètre carré qui n'ait déjà englouti quelqu'être humain, et malgré sa fragilité, l'homme se prétend propriétaire, maître de cette terre au moment où elle se prépare à l'ensevelir comme ses devanciers, peu importe, répondra-t-il, j'ai des successeurs. C'est le contraire qui est la vérité, l'homme appartient à la terre. En se plaçant au point de vue revenu, le seul intéressant au fond, nous savons que la terre labourable vaut 1.000 francs l'hectare et se loue 45 francs. Déduisons 5 francs d'impôt par an. pour être large, voilà donc une somme de mille francs qui rapportera à son acquéreur ou ses successeurs 40 francs par an pendant des millions d'années, c'est-à-dire jusqu'à la fin de notre système planétaire ; supposons pour prendre un chiffre, un million d'années à 40 francs par an, soit 40 millions. Un capital de 1.000 francs peut donc, avec les lois en vigueur, rapporter cette somme colossale de 40 millions, sans compter les intérêts qui sont peut-être 100 fois supérieurs à cette somme. Le lecteur me pardonnera de ne pas indiquer le chiffre exact, car il comprendra combien il serait long et ne donnerait pas plus de forces à la démonstration. Disons seulement, pour le familiariser avec la capitalisation, qu'une somme placée à intérêts composés à 5 % double tous les 14 ans. Il en est ainsi, nous le verrons dans la suite, de tous les capitaux stables ou fixes.

Les maisons, les routes, les chemins de fer, les canaux, l'argent ; ce que nous dirons de l'un de ces capitaux s'appliquera à tous les autres. Cependant, il est bon de dire, en ce qui concerne les propriétés publiques, que si elles ont été payées avec le produit des impôts et livrées gratuitement au service public ou si la redevance exigée par l'Etat, les départements et les communes, n'excède pas les frais d'entretien ou frais généraux, elles constituent une richesse et non un capital.

§ 45. — La construction d'une maison a coûté 100 mille francs. Elle vaut donc 100 mille francs. En prenant pour base l'effort humain dépensé à la construire, cette maison rapporte net tous les ans cinq mille francs. Au bout de 20 ans le propriétaire aura donc reçu les 100 mille francs qu'il avait dépensés. Et si nous tenons compte des intérêts (car il ne faut pas les oublier) qu'il a touchés des 5.000 francs de location qu'il recevait annuellement, il amortira son capital en 17 ou 18 ans environ. Ce qu'il touchera par la suite sera donc pur bénéfice.

On construit aujourd'hui dans les villes des maisons qui sont appelées à durer des centaines et des millions d'années; on ne peut même pas prévoir leur fin, tellement elles sont faites solidement. Et en les comparant aux châteaux féodaux qui existent depuis 12 ou 15 cents ans et auxquels aucune réparation n'a été faite depuis 4 à 5 siècles et qui malgré cela dressent encore devant nous leurs ruines que les intempéries mettront encore 4 ou 5 cents ans à réduire à néant, certainement ces constructions ne valaient pas en qualité nos maisons d'aujourd'hui.

Notre capitaliste ou ses successeurs continuera à recevoir 5.000 francs par an autant d'années que durera sa maison. Supposons 1.000 ans à cinq mille francs par an. Ce qui fait un total de 5 millions. Quatre millions 900 mille francs de bénéfice qu'il prélèvera sur la société, sans compter les intérêts qu'il a pu percevoir sur les 5 mille francs de location au fur et à mesure de leur encaissement et qui forment à leur tour un capital si considérable que nous avons renoncé à le calculer, comme nous l'avons dit au paragraphe précédent.

Cette maison a été construite toujours par supposition par cinquante ouvriers, en un an, qui ont gagné chacun 2.000 fr., total 100.000 francs. Ces 50 ouvriers salariés ont eu une vie active de trente années. Ils ont donc construit 30 maisons semblables à la première et par conséquent accumulé un capital 30 fois plus fort que celui indiqué ci-dessus. Malgré cette considérable accumulation de capitaux les cinquante ouvriers ne sont pas plus riches la trentième année que la première, le salaire qu'ils ont reçu chacun ne représentant que l'indispensable nécessaire à leur existence.

Il est donc inexact de dire que « *la valeur représente l'effort humain dépensé à produire* ». Si cette formule était appliquée les maisons reviendraient aux ouvriers qui les ont construites dès qu'elles seraient amorties.

Cet amortissement des maisons arrivant vers la 18e année, à la fin de la 30e année les 12 premières maisons construites par nos cinquante ouvriers étant amorties, le produit des locations soit soixante mille francs leur allouerait à chacun un revenu de 12 cents francs, sous le régime actuel non seulement ils ne recevront aucun revenu, leur travail étant définitivement acquis à autrui, mais ce qu'il y a de plus regrettable, en se laissant exploiter ainsi ils appauvrissent les générations futures, comme leurs devanciers nous ont appauvris nous-mêmes.

Il y a des capitaux privés et publics qui sont possédés depuis des milliers d'années ; on est effrayé en constatant les revenus colossaux qu'ils ont déjà rapportés.

Il est donc bien démontré que la valeur de *l'effort humain n'est pas mesurable* et ne reçoit pas son *équivalent* quand il accumule des capitaux fixes ou stables.

Le Salaire

§ 46. — Par salariés nous entendons, les ouvriers, domestiques, travaillant à la journée, au mois et à l'année, petits employés, petits fonctionnaires, artisans, cultivateurs, fermiers, ou à moitié fruits, en un mot tous les producteurs dont le gain insuffisant les oblige à fournir leurs efforts à la société dès le commencement de leur vie jusqu'à la mort ou l'extinction de leurs forces, sans nous occuper des économies de quelques-uns d'entre eux que la peur de l'avenir a fait prélever sur les nécessités journalières.

Le lecteur a compris par les paragraphes précédents que toutes les définitions qui ont été données jusqu'à ce jour sur le salaire sont fausses y compris celles des socialistes qui en tout cas est incomplète et que « Lassalle » définit ainsi : « Le salaire, prix de cette marchandise qui s'appelle la main-d'œuvre, est déterminé par le coût de production, c'est-à-dire par la valeur des substances nécessaires à l'ouvrier et la prime d'amortissement nécessaire pour perpétuer la famille ouvrière. »

La rémunération en espèces or et argent, que reçoit l'ouvrier en échange de son effort, n'est en *réalité qu'un prêt à brève échéance* que lui consent le capitaliste et qu'il doit rembourser rapidement pour se procurer les subsistances nécessaires au renouvellement de ses forces, exemple : Les chemins de fer, non compris les chemins de fer départemehtaux, ont coûté 16 milliards, dont 4.640 millions ont été payés par l'Etat et le surplus par les compagnies *Annuaire statistique de la France 1899, page 208*). A première vue, on suppose que l'Etat, les compagnies ayant versé 16 milliards d'or entre les mains des nombreux ouvriers qui ont participé à ces travaux, se sont réellement dépouillés à tout jamais de pareille somme; que désormais cet or est la propriété de ces ouvriers qui l'ont gagné, ce qui n'est pas. Gagner une chose signifie que cette chose vous appartient pour toujours, or puisque nous savons que ces ouvriers remettront immédiatement en circulation l'or capitaliste représentant le salaire pour se procurer les aliments, les vêtements, etc., indispensables à l'existence, l'or n'a donc pas été gagné, mais *prêté* seulement et il *retournera à la source capitaliste* d'où il est parti.

Mais nous devons faire remarquer en outre deux points importants :

1° Que la France n'ayant à aucune époque possédé 16 milliards de capitaux monnayés. Aujourd'hui encore malgré l'accroissement de ces derniers il n'y a que 8 à 9 milliards, il est donc supposable qu'à l'époque de la construction des chemins de fer il n'y en avait en France que 5 à 6 milliards. Il est donc matériellement impossible que cette somme de 16 milliards fut possédée par l'Etat et les Compagnies d'abord, ensuite, ces derniers ne détenaient qu'une partie de la monnaie d'alors, soit 5 à 600 millions ;

2° Que l'Etat et les compagnies représentés par les capitalistes, remettaient en circulation les 5 à 600 millions, tous les ans et toujours les mêmes (ou si on aime mieux, provenant de la même origine : le revenu) au fur et à mesure que les travaux se poursuivaient et que les 5 ou 600 millions leur revenaient.

Avec le temps les capitalistes pourraient donc avec 500 à 600 millions d'or s'approprier individuellement des propriétés d'une valeur de plusieurs trillions.

La conséquence de ce mouvement de l'or a pour résultat qu'avant la construction des chemins de fer, les capitalistes possédaient 5 à 600 millions, après ils posséderont : 1° les chemins de fer qui rapporteront un revenu de 480 millions calculé à 3 % seulement : 2° les 5 à 600 millions or qui lui sont revenus, et ces 5 à 600 millions serviront une deuxième, troisième fois et toujours à recommencer d'autres travaux. C'est donc avec un capital monnayé primitif probablement d'un milliard environ et qui atteint 8 à 9 milliards que les capitalistes se sont appropriés les 341 milliards de capitaux représentant les efforts humains (§ 13). Ce qui prouve jusqu'à l'évidence qu'un ouvrier gagne dans sa vie 1.000 fois, 2.000 fois, 3.000 fois, la même pièce de 20 francs, et que cette pièce d'or ne lui appartient jamais. Depuis longtemps déjà il y en a de trop d'or et d'argent, puisqu'il ne s'en consomme pas et tous les ans les mines en jettent sur les marchés du monde, près de 2 milliards de plus.

C'est ce qui nous explique qu'au fur et à mesure de l'accroissement des capitaux, les salaires augmentent et l'intérêt baisse ; mais ni l'un ni l'autre ne profite au producteur qui ne reçoit toujours que l'indispensable, que le capitaliste est forcé de lui donner en échange de sa force travail. La diminution des heures de travail, l'augmentation des salaires et autres réformes ne sont qu'un leurre. La répartition équitable des richesses n'est possible que collectivement entre les vrais producteurs, d'où la conséquence que tout homme doit produire l'équivalent de sa consommation et non s'en affranchir en remettant de l'or à la place de cet effort. *Tous les moyens d'acquérir le capital et les jouissances sont aussi faux et injustes les uns que les autres.*

Les soutiens du Capital

L'Impôt

§ 47. — Les trois agents, qui concourent au maintien du régime capitaliste, sont l'impôt, le prêt et l'accroissement des capitaux.

L'impôt est la somme d'argent que l'Etat oblige les particuliers à payer et destinée à subvenir aux dépenses des services publics. J.-J. Rousseau (Contrat social, page 127), s'exprimait ainsi : « Sitôt que le service public cesse d'être la principale affaire des citoyens, et qu'ils aiment mieux servir de leur bourse que de leur personne, l'Etat est déjà près de sa ruine. Faut-il aller au combat, ils payent des troupes et restent chez eux. Faut-il aller au Conseil, c'est-à-dire voter des lois, ils nomment des députés et restent chez eux. A force de paresse et d'argent, ils ont enfin des *soldats pour asservir la patrie et des députés pour la vendre.*

C'est le tracas du commerce et des arts, c'est l'avide intérêt du gain, c'est la mollesse et l'amour des commodités qui changent les services personnels en argent, on cède une partie de son profit pour l'augmenter à son aise. *Donnez de l'argent et bientôt vous aurez des fers.* Ce mot « *finance* » est un mot d'esclavage. Dans un Etat vraiment libre, les citoyens font tout avec leurs bras et rien avec de l'argent, loin de payer pour s'exempter de leurs devoirs, *ils paieront pour les remplir eux-mêmes.* Je suis bien loin des idées communes ; je crois les corvées (sous la féodalité) moins contraires à la liberté que les taxes. »

C'est avec le produit de l'impôt que l'Etat paie ses fonctionnaires qui augmente tous les jours en proportion de la croissance de l'impôt. Ils étaient en 1846 au nombre de 188.000, aujourd'hui il y a 450.000 fonctionnaires, lesquels devraient être nos serviteurs et sont réellement nos maîtres arrogants et prétentieux (nous entendons les gros) parce que l'Etat qui se moque des deniers des contribuables, les rétribue en hommes supérieurs et ils absorbent ainsi une part énorme des richesses.

Le traitement de ces inutiles s'élève assez souvent à 10, 15, 20, 40, 50 mille francs, c'est-à-dire qu'un seul d'entre eux gagne autant que 10, 15, 20, 40, 50 ouvriers et plus, et on peut doubler ces nombres si on les compare aux ouvriers agricoles, cependant la différence est grande entre les services rendus : ceux des fonctionnaires sont inutiles et nuisibles et ceux des ouvriers sont utiles, c'est donc le contraire de la bonne morale, les bons sont punis et les mauvais récompensés.

Voilà l'exemple qui nous est donné par le gouvernement. En conséquence, tant que nous continuerons à payer, nous qu'une illusion et la justi   un fantôme. S'il était possible de ne plus payer l'impôt, la révolution serait faite, les soldats quitteraient les casernes dès qu'il n'y aurait plus serons asservis, malmenés, inconsidérés ; la liberté ne sera rien sur la table ; les policiers cesseraient leur service dès que la caisse du percepteur serait vide, et les juges aussi, qui seraient devenus sans objet dès que la police ne serait plus là pour exécuter leurs injustices ; mais je ne vois pas de moyen pour refuser l'impôt, il faut donc payer. Cependant l'impôt ne suffit pas à alimenter la gourmandise des gouvernements qui ont recours à l'emprunt. S'il est impossible de refuser l'impôt, nous *pouvons refuser de prêter* et nous verrons dans la suite que ce moyen est suffisant pour abattre et réduire à l'impuissance le gouvernement capitaliste, qui, comme ses prédécesseurs, a toujours besoin d'argent pour maintenir sa domination.

Le Prêt

§ 18. — Le prêt est un contrat par lequel l'une des parties, le prêteur, livre une chose à l'autre, l'emprunteur, qui acquiert le droit de s'en servir, à la charge de la restituer après un temps déterminé ou indéterminé. L'intérêt n'est dû que s'il a été convenu, mais il l'est toujours.

La confiance qu'inspire l'emprunteur ou prêteur, prend le nom de crédit ; on voit de suite que ces deux mots confiance et crédit n'en font pour ainsi dire qu'un seul cependant confiance devrait s'appliquer au prêt et crédit aux ventes et plus spécialement des marchands ; mais il n'en est pas ainsi en économie politique : on dit toujours crédit.

On appelle garantie ou gage les choses affectées à la garantie du prêt que pourra s'approprier le prêteur au cas de non-paiement à l'époque fixée. Cette sorte de crédit prend le nom de crédit réel. Si aucune chose, aucun objet n'a été affecté à garantir le paiement, ce crédit s'appelle le crédit personnel.

Dans le crédit réel la personne de l'emprunteur n'est pas considérée ; c'est le gage, c'est-à-dire la chose offerte en garantie qui est tout ; c'est en la valeur de cette chose déterminée en laquelle l'on a confiance et à elle que l'on prête. Ainsi quand un établissement de crédit foncier ou un capitaliste quelconque prête une somme déterminée sur hypothèques, c'est-à-dire en prenant conformément aux lois, l'immeuble pour gage, une maison ou un bien rural, ce n'est pas la personne de l'emprunteur qu'il considère, mais bien la maison ou le bien rural; l'emprunteur se borne à justifier seulement son droit de propriété sur les immeubles. De même, c'est ce qui arrive quand on prête sur des marchandises déposées dans un magasin public, en créant ces titres, que l'on appelle warrants, et en prenant en gage ces marchandises, de sorte qu'elles ne puissent sortir du magasin ou dock avant la restitution du prêt. Les prêts faits sur dépôt de valeurs mobilières, rentes, obligations ou sur gages d'objets mobiliers comme les Monts-de-piété, enfin tous les prêts auxquels est affecté *un gage déterminé forment le crédit réel.*

Dans le crédit personnel, le mot l'indique, c'est à la personne seule de l'emprunteur que l'on prête, à l'échéance, il paie s'il est solvable, il ne paie pas s'il est insolvable, l'emprunteur est généralement solvable au moment du prêt; mais il ne l'est souvent plus à l'échéance, parce que dans l'intervalle, il a pu dissiper son avoir. L'essence de ce prêt est la confiance qu'a le prêteur de l'emprunteur.

Que l'emprunteur soit représenté par une ou plusieurs personnes solidaires, par une société anonyme, par l'État, les départements, les communes, *c'est toujours le crédit personnel.*

Je ne trouve pas très heureuses ces deux expressions, de crédit réel et de crédit personnel; crédit factice était l'opposé tout désigné de réel, *ou bien crédit gagé et crédit non gagé;* mais le langage des économistes en a décidé autrement; ce n'est pas sur des mots que nous allons les chicaner, bien que chez eux rien ne soit écrit à la légère, et on comprend de suite la mauvaise impression qu'aurait pu répandre dans le public *cette expression de crédit non gagé.*

Autrefois avant le développement de la formidable richesse mobilière, le crédit réel gagé et le crédit personnel non gagé entre particuliers constituaient le seul placement de l'épargne; à présent, ces prêts sont insignifiants et n'absorbent qu'une faible partie de l'épargne; ce qui nous reste de ce crédit, ce sont les ventes d'objets mobiliers et vêtements à terme consenties par les grosses maisons de commerce; les maisons de crédit vendent les marchandises un prix bien plus élevé que les maisons qui vendent au comptant. La différence de prix, entre les unes et les autres, représente un intérêt très élevé.

Le crédit personnel non gagé entre particuliers est tombé en désuétude, par le manque de sûreté de gage et de confiance qu'ils inspiraient aux prêteurs à la suite de la concurrence et de la faible résistance qu'ils pouvaient opposer aux nombreuses sociétés et aux puissants capitalistes. Seul l'insignifiant crédit réel gagé s'est maintenu de nos jours. Aujourd'hui on ne prête plus qu'à l'Etat, aux départements, aux communes et aux société anonymes qui ont gagné la confiance qu'ont perdue les particuliers, tout en n'offrant pas plus de garanties que ces derniers ; mais cette confiance, ayant été perdue d'un côté, doit se retrouver d'un autre pour maintenir l'équilibre capitaliste, à moins de le briser, car la société à base capitalisatrice ne peut se maintenir que par l'épargne, laquelle pour devenir productrice sans nécessiter d'efforts de la part de son possesseur, enfante le prêt à intérêt.

§ 49. — Le rôle de l'épargne est donc considérable puisque sans elle, le capital est vaincu. Doit-on épargner ? oui. Doit-on prêter ? en principe, non.

Il faut épargner car tant que durera l'état de choses existant, c'est-à-dire le régime capitaliste, l'argent est le seul moyen à notre disposition pour nous procurer ce dont nous avons besoin, chacun doit, dans la mesure du possible, posséder une réserve d'or pour parer aux incapacités, aux accidents, maladies, chômages, etc ; mais il faut être sûr de la retrouver dans ces moments difficiles de l'existence, il ne faut donc pas s'exposer pour un intérêt de 2 fr. 50 ou 3 % et moins à perdre le capital pour l'intérêt ou la proie pour l'ombre ; surtout lorsque l'on n'a pas des sommes assez importantes pour modifier sensiblement son bien-être. Les partisans de notre système économique ne devraient pas prêter même avec gage et garder par devers eux, les sommes qu'ils ont économisées en thésaurisant *les pièces d'or, les seules dont la valeur est universellement reconnue par les régimes capitalistes,* laissant ainsi le soutien du régime capitaliste à ses seuls bénéficiaires. Nous avons vu que le crédit personnel non gagé, qui absorbe pour ainsi dire toute l'épargne d'aujourd'hui, n'est consenti qu'à l'Etat, aux départements, aux communes, aux villes et aux sociétés anonymes. La confiance publique est-elle justifiée ? certainement non.

Avant d'examiner les garanties de ces capitalistes, qui ne sont ni individuels ni collectifs, il faudrait forger un mot spécial pour eux ; voyons d'abord les obligations qu'ils contractent avec le public prêteur

L'Etat emprunte 100 francs, en échange de ces 100 francs, il s'engage à payer tous les ans aux prêteurs une rente perpétuelle de 3 francs ; les 100 francs ne sont jamais remboursables. Pour attirer les capitaux à soi, une loi a décidé *que la rente n'était pas saisissable.*

Les départements, les communes, s'engagent à payer un intérêt de 2 fr. 50 environ pour cent et remboursent généralement le capital dans un délai de 75 ans, ce qui représente la vie active de plusieurs générations ; c'est donc à peine si les petits-enfants recevront les capitaux placés par leurs grands-parents. Si l'Etat a l'insaisissabilité, les communes, les villes possèdent, pour attirer les capitaux, *la loterie ou tirage à lots.*

Les grandes sociétés anonymes empruntent également à remboursement très éloigné, et quelques-unes, comme le Crédit Foncier, bénéficient également de la loterie ; mais aucun de ces capitalistes ne remboursent aux prêteurs que dans un délai excédant la vie active d'un homme, espérant ainsi imposer aux générations futures un *régime économique déjà suranné.* De sorte que celui qui prête, ne peut espérer revoir son capital, sauf la chance d'un tirage ou la *possibilité de vendre son titre à la Bourse* comme cela se pratique tous les jours.

Le Gage

§ 49 bis. — Quiconque veut voir clair s'aperçoit de suite que si l'Etat, les départements, les communes, les villes et sociétés anonymes diffèrent le paiement comme l'Etat jusqu'à la consommation des siècles, et les autres pendant un temps si long, c'est que les uns et les autres sont dans *l'impossibilité de rembourser, voilà la vérité,* mais peu leur importe, ils empruntent ; remboursera qui pourra. En effet ces capitalistes en général ne possèdent aucune chose, aucun objet, n'ont aucun avoir réalisable susceptible *d'être vendu pour rembourser leurs créanciers.* Les capitaux empruntés par l'Etat ont été le plus souvent gaspillés en partie, et l'autre employée à la construction des routes, canaux et des établissements nationaux dont beaucoup sont sans utilité et surtout dont aucun de ces travaux ne peut être vendu, c'est-à-dire *converti en or et argent.*

Les capitaux empruntés par les départements, les communes, les villes ont été employés à l'achat de terrains à des prix exorbitants, au percement des rues, à leurs pavage, conduites d'eau, égouts, etc., aucun de ces travaux ou réparations *ne peut non plus être vendu*. Il en est de même de la plus grande partie des immeubles des sociétés anonymes dont la valeur atteint jusqu'à des centaines de millions.

Il y a une autre difficulté insurmontable : comment rembourser une dette nationale de 40 à 45 milliards et une dette privée, peut-être supérieure à cette somme, avec un capital monnayé de 8 à 9 milliards d'or ou d'argent ? Ce régime capitaliste devrait donc en réalité s'appeler régime de la « *confiance* » et du « *travail forcé à perpétuité* ». En effet, la confiance ramène le capital monnayé aux capitalistes. Ces derniers le remettent en circulation, en faisant construire des nouveaux capitaux qui lui fournissent des revenus et du travail à l'ouvrier. Voilà la vérité, nous sommes les artisans de nos maux.

Tous les travaux en général exécutés avec l'argent d'autrui par l'État, les départements, les communes, les villes et les sociétés anonymes n'ont qu'une valeur capitaliste, et aucune valeur économique qui puisse les faire persister dans l'avenir ; mais qu'importe leur valeur ou non, ce qu'il y a de certain et qui nous occupe en ce moment, c'est que ces *travaux sont invendables, il est donc impossible aux emprunteurs de rembourser les prêteurs*. En conséquence lorsqu'on achète un titre de rente, une action, obligation de l'État, des départements, des communes, des villes et des sociétés, on espère trouver dès qu'on aura besoin de son argent un acheteur de ce titre ce qui équivaut au remboursement, sans quoi personne n'en achèterait plus. La confiance seule est donc la cause déterminante de ces *prêts considérables appelés crédit personnel non gagé*.

L'accroissement des capitaux démontre jusqu'à l'évidence qu'au fur et à mesure de son augmentation, augmentent parallèlement la misère et l'esclavage. L'impôt étant insuffisant pour apaiser l'appétit du gargantua capitaliste qui a besoin de l'emprunt, ramène ainsi le reste de l'or qui s'est arrêté en route malgré lui, il veut tout le détenir pour se rassasier, asservir et dominer, *refusez-le pour vivre libre*.

Rappelez-vous les paroles du grand philosophe J.-J. Rousseau : « Donne ton argent et bientôt tu auras des fers ». *Ne prêtez plus !*

Accroissement des Capitaux

§ 50. — Ce qu'on appelle en économie politique l'accroissement des richesses, n'est en réalité que l'augmentation de la fortune de quelques-uns au détriment de la masse, car à côté de l'accroissement des capitaux croissent proportionnellement la misère et la pauvreté. L'abondance et le superflu chez les uns, c'est le manque du nécessaire chez les autres, ce qui explique l'augmentation de la criminalité. « Le crime n'est, en effet, dit le professeur Manouvrier dans une interview, autre chose que la rupture du rapport entre les besoins qu'a chaque individu et les moyens légaux dont il use pour les satisfaire. Or les besoins ont augmenté, le désir de les satisfaire est devenu impérieux, et l'emploi des moyens légaux est de moins en moins fréquent. » Les moyens légaux dont parle le professeur deviennent de plus en plus difficiles à mesure de l'accumulation de nouveaux capitaux publics ou privés et des revenus qu'ils produisent. Nous savons que ces derniers sont payés par les travailleurs (§ 38).

Tous les ans on extrait 1 milliard 520 millions d'or et d'argent dans le monde entier, on construit des maisons, des routes, des canaux, des arsenaux, des armements, des chemins de fer, des métropolitains, etc... Il faut payer un revenu correspondant à la valeur de ces capitaux. Il n'y a aucune différence entre les capitaux publics ou privés, ni intérêt à savoir si l'or est possédé par le capitaliste ou s'il l'a emprunté. Cependant si les travaux ont été effectués par l'Etat, les départements et les communes avec l'argent provenant de l'impôt, dons ou legs, ils constituent une richesse et non un capital. N'oublions pas qu'on dit toujours capital mais que c'est revenu qu'il faudrait dire, ce dernier seul est critiquable (§ 6).

Nous avons démontré que « l'homogène » est instable. Le capital doit se conformer à cette loi naturelle, en s'accroissant ou en décroissant. Il est arrivé à ce moment critique de son évolution d'être placé entre « l'enclume et le marteau ». Nous allons voir comment. Nous avons également prouvé que l'or est une richesse *factice épargne* appartenant exclusivement au capitaliste (§ 21) qu'il revient toujours d'où il est parti sauf cependant une partie qui forme l'épargne des travailleurs, prélevée sur le nécessaire. Bien que l'épargne de chaque travailleur soit minime, en raison du grand nombre de ces derniers (qui atteint d'après Jaurès 12 millions de salariés, ouvriers et paysans), elle forme des sommes considérables par année, ce qui fit dire jadis avec raison que Monsieur tout le monde était plus riche que le roi. L'épargne des travailleurs est donc suffisante pour abattre le régime de l'or, le jour où les travailleurs décideront de garder cet or chez eux. C'est pourquoi le capitaliste public ou privé (nous verrons dans la suite que l'Etat est le grand capitalisateur moderne) a bien soin de le leur retirer vite au moyen de l'emprunt ; ainsi quand l'or est revenu au capitaliste celui-ci peut en retenir par devers lui une certaine partie, mais il faut qu'il remette en circulation la quantité suffisante pour alimenter les ouvriers, en faisant effectuer de nouveaux travaux ou capitaux. L'entretien des capitaux anciens ne suffit pas à les occuper, sans quoi le travail manque. Chacun en connaît les conséquences. Depuis 25 ans un assez grand nombre d'ouvriers sont inoccupés, les peu scrupuleux capitalistes les appellent paresseux, etc... la vérité c'est que ce sont toujours les moins aptes qui sont renvoyés les premiers à chaque chômage; mais une autre vérité c'est que le travail manque. Si l'édification des nouveaux capitaux est insuffisante pour occuper tous les ouvriers, ce n'est pas l'or qui fait défaut mais bien son placement difficile, c'est-à-dire trouver des maisons à construire, des mines à exploiter, etc... susceptibles de rapporter des revenus suffisants aux exigences capitalistes.

L'épargne est tellement abondante en France et dans les pays de vieille civilisation, que je gagerais 100 contre un, que quiconque découvrirait l'exploitation de mines, de chemins de fer, etc... et prouverait au public que les capitaux engagés dans ces entreprises rapporteraient seulement de 3 à 3 fr. 50 pour 100 de revenus, trouverait 50 milliards en quinze jours. La France à elle seule fournirait de 15 à 20 milliards. Tous les ouvriers qui voudraient travailler seraient occupés, on irait les chercher jusque sur les routes comme cela se fit avant 1880 en leur demandant s'ils veulent de l'ouvrage.

L'abondance des travaux de cette époque était due à la guerre de 1870. Il fallut reconstruire tout ce qui *fut brûlé, démoli et saccagé et de plus de nouveaux armements*. Les cinq milliards que la France versa à l'Allemagne ne l'empêchèrent pas de rééditier de suite les capitaux disparus dans la tourmente, plus une quantité considérable de nouveaux. De ces explications il en résulte un point important à retenir :

Que la suite d'une guerre d'où logiquement devrait résulter la pauvreté, permet au contraire d'abondants placements de capitaux nouveaux.

Il s'ensuit que la guerre moderne est une nécessité capitaliste!!

Triste constatation qui cependant est incontestable. Ceux qui disent que la guerre est impossible ignorent notre système économique.

Si les travailleurs n'arrêtent pas la capitalisation dans la mesure de leurs moyens, nous aurons *la guerre qui est la dernière ressource et le plus abondant des placements capitalistes,* dont l'édification dure une vingtaine d'années.

Le récent différend qui s'éleva au sujet du Maroc n'avait d'autre cause, dit Jaurès, que la rivalité entre banquiers allemands et français se disputant la prime d'un emprunt marocain. (Cour d'assises du 28 décembre 1905. Procès des antimilitaristes.)

§ 51. — Depuis une vingtaine d'années aucuns grands travaux n'ont été entrepris en France sauf quelques chemins de fer économiques (appelés chemins de fer électoraux) et autres ne rapportant que des revenus insignifiants et qui n'ont été exécutés par les capitalistes, qu'après engagement par l'Etat de leur fournir les intérêts des sommes dépensées à un taux déterminé. Le seul placement capitaliste privé dans ces dernières années ne s'est borné pour ainsi dire qu'à la *construction des maisons urbaines,* ce qui a fait dire que quand le bâtiment va, tout va. Mais voilà qu'il y a assez de maisons urbaines même en régime capitaliste, en régime collectif il y en a de trop depuis longtemps. Le placement à bons *revenus de l'or capitaliste est donc impossible voici l'enclume, et malgré cela il faut créer de nouveaux capitaux pour assurer le travail des ouvriers, voilà le marteau.*

De plus non seulement le capitaliste ne trouve plus à placer ses propres capitaux, ce qui ne l'empêche pas de retirer, au moyen de l'emprunt, l'or épargné par un certain nombre d'ouvriers et d'en opérer le placement. Quelles sont donc les raisons qui animent ces braves capitalistes, qui à première vue semblent sacrifier leurs intérêts au profit des ouvriers ? Ce serait mal les connaître que des les croire capables d'une semblable générosité. La vérité est que si l'ouvrier possédait de l'or, il pourrait cesser d'être soumis et se servirait de cette réserve pour résister à l'oppression *pendant les moments critiques* (révolutions). Tandis que s'il a prêté son pécule, il devient d'abord à son tour intéressé au maintien du régime capitaliste, espérant le récupérer. Ensuite il n'a plus les moyens matériels de combattre avantageusement le capitaliste aux heures qui pourraient l'en délivrer. Car nous savons que l'or est la source de la vie, le roi qui gouverne le monde (en régime capitaliste) le plus fort est donc celui qui en possède le plus. En conséquence, s'il se produit un bouleversement sérieux, une révolution, les capitalistes décrètent la suspension des paiements et les prêteurs restent avec des papiers (rentes, obligations) dans leurs poches en face des maîtres aux coffres-forts pleins d'or qui seul assure les victoires.

En un mot, le régime capitaliste ne peut régner que par la circulation de son or ; le jour que cette circulation s'arrête, tout est fini. La propriété individuelle n'est pas plus dangereuse et aussi inoffensive qu'un fusil sans cartouche ; la propriété individuelle n'est dangereuse que par son or, comme le fusil par sa cartouche.

Le capitaliste privé ne trouvant plus le placement de ses propres capitaux et comme il faut à tout prix s'emparer de l'épargne ouvrière, aura recours aux expédients. Nous voyons donc l'Etat lui tendant la perche substituant sa responsabilité à celle des capitalistes privés. L'Etat seul peut attirer l'argent des gogos sans offrir de gage. Jusqu'à présent, il profite du gage qu'on appelle la confiance. Les nouveaux capitaux seront dorénavant placés en maisons ouvrières, retraites ouvrières, mutualités adultes et scolaires, assurances, etc.... garanties par l'Etat. Que l'Etat perçoive l'impôt pour assurer les services publics, là se borne sa mission ; mais que l'Etat qui est vous, moi, en un mot, tous les citoyens composant la nation française, vienne à la remorque du capital en offrant la garantie de tous à des intérêts particuliers n'est plus un acte de gouvernement, mais bien un acte capitaliste de commerce, de banque, *de tripot surtout comme tout ce qui touche à la finance. Voilà donc l'Etat grand capitalisateur moderne.* Seront versées dans ses caisses les primes des retraites ouvrières qui formeront d'ici trente ans un capital de 20 millards (*Journal officiel* du 12 juillet 1905, p. 2863). Les primes des 3 millions de mutualistes adultes, celles des mutualistes scolaires (appelés Cavé du nom de l'illustre auteur) celles des assurances, etc., etc... Quelles sont donc les garanties du « grand capitalisateur moderne ». Que fera-t-il de tous ces milliards qui lui seront confiés ? Nous l'ignorons. Tout ce que nous savons c'est que le «Directeur de la caisse des dépôts et consignations » à la séance de la Chambre des députés du 25 janvier 1906 (*Journal officiel*, même date), après avoir dit : « Que sa sage administration dont la compétence financière est incontestable ne pouvait accepter le contrôle d'aucun concours étranger à sa direction (c'est-à-dire la lumière sous le boisseau) semblait indiquer que les fonds seraient prêtés aux départements, aux communes, etc... » Nul n'ignore que les départements et les communes comme l'Etat leur cher maître ne remboursent jamais ou ne remboursent qu'au bout de 75 ans ; car si emprunter est facile, rendre est difficile. Mais rien n'est plus aisé à faire que de payer les revenus avec des fonds provenant d'emprunts nouveaux, et de gaspiller ces derniers en emplois parasitaires ou équilibrer les dévorants budgets.

Sachez bien que le « grand capitalisateur moderne », le seul qui possède la confiance du public tel : le chef de famille qui ne rend aucune compte de l'emploi de ses revenus à ses enfants, ne rend non plus aucun compte au public.

Pour les travailleurs l'accroissement des capitaux nouveaux présente le triple désavantage.

1º Qu'ils soient constitués par l'or capitaliste ou par l'épargne des travailleurs, c'est toujours ces derniers qui paient les revenus augmentant ainsi leurs charges en proportion de l'augmentation des capitaux (§ 37).

2º Les travailleurs assurent l'existence du régime capitaliste qui ne peut subsister que par son accroissement. Nos budgets devant obéir à la loi de « l'accroissement » augmentent d'une moyenne annuelle de 24.280.750 francs depuis 1899. (*Journal officiel*, annexe 2681, feuille 52 du budget général de 1906.)

3º En fournissant leur épargne au capitaliste ils lui donnent de nouvelles armes et se dépouillent des leurs.

En conséquence, dans le système actuel de la distribution ou répartition des richesses, ne pourront se dire hommes de liberté, de progrès et d'humanité que ceux qui s'opposeront de toute leur énergie à l'accumulation de nouveaux capitaux sous quelque titre que ce soit.

Les Retraites ouvrières

§ 52. — L'accroissement des capitaux s'est développé pour ainsi dire en dehors du législateur, car le prêt à intérêt, l'un des deux leviers capitalistes n'a été que permis, l'intérêt n'est dû que s'il a été convenu entre les parties contractantes. De même la valeur marchande de l'or et de l'argent ne résulte également que par l'effet de l'acceptation réciproque. Entre la tolérance, c'est-à-dire la faculté qu'ont les citoyens de commettre certains actes, et l'obligation qui leur est imposée il y a tout un abîme. Et si nous voyons aujourd'hui le faible législateur venir à la remorque du capital et offrir la garantie de l'État pour permettre l'accroissement des capitaux existants, il faut que ces derniers soient dans une situation bien critique ce qui n'est pas douteux. Le capital est bien arrivé à l'apogée de son développement quand on sait qu'une seule famille possède d'après les uns dix milliards et que nous savons que le capital doit croître ou décroître, *que la décroissance est sa fin.* C'est pour éviter cette débacle certaine que nous voyons apparaître sournoisement et hypocritement le soi-disant bien intentionné législateur qui sous prétexte d'améliorer les vieux jours des travailleurs et de les mettre à l'abri de la misère, propose une loi sous le titre alléchant et trompeur de « retraites ouvrières ».

Avant d'entrer dans le vif de cette brûlante question, il est nécessaire de faire connaître ce que c'est que la loi : la loi n'a d'autre but que de maintenir et de préserver la propriété individuelle, et je défie qui que ce soit de démontrer qu'une seule loi, dans les nombreuses que contiennent nos codes, ne soutienne directement ou indirectement la propriété individuelle : donc, dès la suppression de celle-ci, elles deviennent inutiles. Ce n'est donc pas avec des lois même intitulées « retraites ouvrières, mutualistes ou de prévoyance sociales » qu'on améliorera le sort de ces travailleurs, au contraire elles ne feront qu'augmenter leurs charges. Le législateur n'a donc pas le pouvoir par une loi de changer la pénible existence des travailleurs ; tout ce qu'il peut faire *c'est de remplacer un impôt ou règlement par un autre*, à moins qu'il ne décide la suppression de la propriété individuelle existante. Mais, tant que cette dernière subsistera, nos vieux codes du commencement du XIX° siècle resteront en vigueur, et qu'on sache bien que ces codes ne sont que la traduction du droit romain, c'est-à-dire les lois qui gouvernaient les Romains il y a deux mille ans. Ces derniers étaient bien loin de notre degré de civilisation puisqu'ils avaient des esclaves sur lesquels le maître possédait le droit de vie et de mort, etc... Les lois romaines que nous subissons aujourd'hui ne sont donc plus en harmonie avec notre civilisation bien supérieure à la leur. Il n'est pas douteux que si ces lois étaient modifiables, elles le seraient depuis longtemps et nous ne serions plus gouvernés par les lois d'un peuple barbare ; mais en ce qu'elles règlent la propriété individuelle elles *ont posé devant l'humanité le « chef-d'œuvre » du genre*. Nous avons brisé l'esclavage que subissait le peuple romain en recouvrant la liberté, il nous reste encore à briser la propriété individuelle pour que cette liberté soit complète. Car, tant que la propriété individuelle subsistera, la liberté ne sera que leurre, mensonge et hypocrisie, en d'autres termes la liberté de mourir de faim pour ceux qui ne veulent pas être asservis, humiliés et surmenés.

La seule loi votée par le Parlement français paraissant avoir un caractère philanthropique susceptible d'améliorer le sort des ouvriers, la loi de 1884 sur les « syndicats professionnels » le fut à dessein d'une façon incomplète pour des raisons de nécessité politique que nous verrons ci-dessous. En effet, quand le législateur confectionne les lois soutenant la propriété individuelle ou capitaliste, il les rend obligatoires à tous les citoyens, tel le service militaire, l'impôt, etc... et il veut également *rendre obligatoire la prime pour constituer les retraites ouvrières*. Mais la loi sur les syndicats professionnels n'étant pas destinée à soutenir la propriété individuelle n'est pas obligatoire; en fait partie qui veut, créant ainsi des conflits entre ouvriers qui pourtant ont le même intérêt, et nous assistons à de fâcheuses animosités entre les rouges et les jaunes, c'est-à-dire entre les syndiqués et les non-syndiqués. L'esprit de cette loi de 1884 est donc emprunté à cette formule « Diviser pour régner ». Le gouvernement d'alors avait besoin de l'appoint d'une certaine partie des forces ouvrières, sans cependant que cette force puisse compromettre le régime capitaliste. D'où la nécessité de mettre aux prises les ouvriers d'une même profession, pour maintenir la division des forces nécessaires aux gouvernements. Malgré cela nous reconnaissons que cette loi bien qu'imparfaite a rendu de grands services à la classe ouvrière à la suite de la réduction graduelle des jaunes. Elle a donc dépassé les prévisions du législateur qui maintenant bénéficie du crédit qu'il a obtenu des ouvriers pour lui imposer d'autres lois dont les conséquences seront terribles pour eux ; ce sont : les retraites ouvrières, la mutualité, ou autres de prévoyances sociales qui capitalisent.

La loi sur les retraites ouvrières imposée aux travailleurs, telle que la vote en ce moment le parlement, c'est-à-dire « la prime obligatoire » aura la double conséquence suivante : l'une économique et l'autre morale.

Au point de vue économique, d'accumuler de nouveaux capitaux ou propriété individuelle dont le montant atteindra, quand la loi battra son plein, la somme de 20 milliards dont les revenus ou intérêts seront exclusivement payés par les travailleurs (§§ 37 et 38) par conséquent ce que ces derniers recevront d'une main, ils l'auront préalablement donné de l'autre depuis longtemps. De plus « la prime obligatoire » versée par les ouvriers sera pour eux un surcroît de privations immédiates pour l'ombre d'un bien-être incertain dont bénéficieront seulement 4 à 5 pour cent des ouvriers survivant à 60 ans.

Que les « statisticiens » le veuillent ou non, 60 ans d'âge représentent le maximum de résistance que peuvent supporter les ouvriers employés au durs labeurs. En outre la moyenne de la vie est bien au-dessous de 60 ans, en y comprenant la population entière dont une partie s'entoure de soins qui ne sont pas à la portée des ouvriers. Cette loi a donc tous les caractères injustes des « lois d'exceptions » et n'en bénéficieront qu'un nombre infime d'ouvriers. Tous les décédés avant cet âge se seront imposé des sacrifices et des privations dont ils ne profiteront pas.

Au point de vue moral, c'est le rehaussement de la propriété individuelle ou capitaliste, c'est *symboliser le capital en bienfaiteur de l'humanité*. C'est la négation de l'horrible antagonisme existant entre le capital et travail en faisant croire aux ouvriers qu'ils peuvent devenir capitalistes aussi; que la propriété individuelle n'est plus un privilège, qu'elle appartient à tous. Créant ainsi dans le cerveau inculte des ouvriers de fausses idées que les générations futures auront de la peine à déraciner, car les nouveaux capitalistes ouvriers (titre dont ne manqueront pas de les parer leurs adversaires privilég) ne voudront pas à leur tour se laisser déposséder comm les petits propriétaires d'aujourd'hui, ignorant les mis s et les privations dont ils sont affligés

Jamais loi aussi infâme, mensongère et criminelle n'a été imposée à l'humanité. Elle est comparable si elle est acceptée par les soi-disant bénéficiaires, aux verges que portaient autrefois les écoliers à leurs maîtres pour se faire fouetter. Quel est le motif qui a réuni 512 législateurs pour voter cette loi? Est-ce l'esprit de domination capitaliste ou l'ignorance? Ouvriers vous refuserez de payer la prime, mais avant faites vos efforts pour faire avorter la loi devant le Sénat.

Les Sociétés de prévoyance

§ 53. — Ce que nous avons dit des retraites ouvrières s'applique également aux sociétés de secours mutuels et autres, dites de bienfaisances sociales, qui capitalisent. La seule différence appréciable entre ces deux catégories de sociétés, c'est que la prime des retraites ouvrières est obligatoire, tandis que dans les autres sociétés de prévoyance, la prime est libre, c'est-à-dire en fait partie qui veut, en adhérant aujourd'hui et en démissionnant demain, dès que la lumière de la vérité apparaît aux sociétaires.

Les sociétés de secours mutuels et autres de solidarité ne doivent pas capitaliser mais se borner à *la répartition immédiate*, c'est-à-dire recevoir d'une main et distribuer de l'autre dans le mois qui suit l'encaissement en secourant de suite les infortunes. Et non en retirant des poches des sociétaires des oboles qu'ils pourraient dépenser si utilement au lieu d'accumuler de nouveaux capitaux:

Les administrateurs de ces sociétés diverses sont-ils capitalistes retors ou sont-ils des ignorants? Nous n'en savons rien, mais ce qui est certain c'est que tous poursuivent le même but, celui d'annoncer triomphalement dans les assemblées générales et dans les réunions publiques que la société possède un portefeuille contenant cent mille francs, un million et plus sans se soucier que ces capitaux ont pour *origine la privation individuelle*. Tandis que le véritable rôle des sociétés de secours mutuels et de solidarité sociale est de n'avoir jamais d'argent en caisse, elles doivent secourir immédiatement les infortunes; en effet, qu'importent les millions en caisse pour les sociétaires qui ne sont plus et qui seraient toujours au monde si ces *sociétés n'avaient pas lésiné à les secourir*.

Nous avons démontré que le mal dont souffrent les travailleurs provient de la quantité considérable des capitaux appropriés individuellement dont les revenus sont supportés exclusivement par les travailleurs. L'augmentation de ces revenus croît donc proportionnellement avec l'augmentation des capitaux que ce soient des maisons, des routes, des canaux, des chemins de fer, des retraites ouvrières, des sociétés de prévoyance sociales, etc... Donc, quand le capitaliste vous propose d'en créer de nouveaux, il vous trompe; c'est absolument comme s'il vous disait: travailleurs, si vous avez des mauvaises herbes dans votre jardin et si vous voulez les faire périr, donnez-leur davantage d'eau, de lumière et de chaleur *qui sont les trois agents de la végétation*, or si vous voulez faire périr les herbes de votre jardin c'est le contraire qu'il faut faire en privant ces herbes d'eau, de lumière et de chaleur.

Sachez, travailleurs de toute sorte, que la prime des retraites ouvrières, la cotisation des diverses sociétés de prévoyances ne sont que des emprunts masqués et sont *les agents de la végétation capitaliste*, si vous voulez voir périr le capital, supprimez les agents qui l'alimentent, ne donnez jamais *un centime pour être capitalisé*.

En conséquence, les retraites ouvrières, les sociétés de secours mutuels, et de solidarité sociale et autres quels que soient les titres ronflants dont on les affuble qui capitalisent sont mauvaises et n'atteignent pas le but pour lequel elles paraissent *destinées, but qui est faux; elles trompent leurs sociétaires*, et arrêtent ou tout au moins retardent l'évolution humaine vers son « mieux être ». *Pour vaincre le capital, fermez votre bourse.*

Pour vaincre le Capital, fermez votre Bourse

§ 54. — Travailleurs de France et de tous pays, sachez bien que les gouvernements sont forts quand ils ont de l'or. Tous ceux qui ont été renversés sous les poussées populaires ne l'ont été que parce qu'ils ne possédaient pas d'or; s'ils en avaient eu, ils se seraient maintenus au pouvoir. Il est encore temps d'arrêter le « Grand capitalisateur moderne » mais si vous versez entre ses mains les 40 à 50 milliards que vont lui fournir les retraites ouvrières, la mutualité, etc... nous serons à la merci, d'ici à quelques années, du gouvernement le plus tyrannique et le plus difficile à vaincre, que l'on ait jamais vu dans l'histoire de l'humanité

Travailleurs, ouvriers, artisans, cultivateurs, employés, petits fonctionnaires, petits commerçants petits propriétaires, mutualistes, philanthropes, tous ceux enfin qui souffrez de l'état social actuel, si vous voulez ne plus souffrir, si vous voulez vivre en hommes libres, si vous êtes sincères dans vos doléances, si vous ne voulez plus être victimes de l'infâme, du monstre capital, *refusez de prêter, fermez votre bourse à tous les systèmes de capitalisation.* Unissez-vous au cri de ralliement, *ni prêts, ni primes, ni cotisations,* etc. *Gardez par devers vous votre épargne en or.*

Hommes de liberté et d'humanité, dès que vous aurez pris cette décision, la seule qui puisse *vous affranchir,* c'est la *révolution pacifique* qui commence, sa durée sera proportionnelle au nombre de ses adhérents. La fin du capital aux pieds d'argile serait immédiate si tous les intéressés au changement de régime, jetaient demain sur nos marchés financiers les valeurs mobilières qu'ils détiennent, les cours s'effondreraient, les titres d'une valeur de 100 francs et au-dessus tomberaient en quelques jours à zéro comme les assignats du xviiiᵉ siècle, ce qui prouve bien que le régime capitaliste n'est pas fort, n'est pas durable puisqu'il est *soutenu inconsciemment et exclusivement par ses adversaires.* Aussitôt que les valeurs mobilières seraient tombées à un taux ridicule perdant ainsi la confiance des prêteurs, il serait impossible de boucler les budgets de l'Etat, des départements et des communes qui ne s'équilibrent qu'à l'aide du prêt ou augmentation des impôts. Il en résulterait que les fonctionnaires, les juges, la police, etc... n'étant plus payés refuseraient leurs services à l'Etat. Et cette puissance capitaliste si opulente et ingrate qui a fait couler et fait encore couler *tant de sang, de privations et d'humiliation* à cette innocente humanité s'anéantirait et se disperserait à travers l'espace par enchantement, comme la poussière des routes à la suite d'une tempête. Le pouvoir de l'or ainsi discrédité, la loi de l'équité reprend son empire, les consommateurs improducteurs capitalistes ne pouvant plus, à l'aide du capital monnayé disparu, s'offrir dans l'oisiveté toutes les jouissances. Chacun demandera à la belle nature sa part de bien-être au prix de ses efforts personnels et producteurs ; et les hommes ennemis de la veille, deviendraient le lendemain des amis, des camarades et des frères s'appuyant réciproquement les uns sur les autres pour supporter les peines, donner plus d'attraits aux plaisirs et conduiraient rapidement l'humanité vers le régime idéal de la fraternité.

Conclusion

Nous avons exposé nos idées, aussi clairement et suc-
cinctement que nous l'avons pu, dans le temps matériel
dont nous avons disposé, temps qui nous a été mesuré
par la prochaine ouverture de la période électorale

Nous avons démontré la formation, le développement du
capital, que tous les moyens de l'acquérir sont injustes,
que tous les revenus et autres redevances capitalistes sont
exclusivement supportés par les travailleurs. L'appropriation individuelle du capital est donc inique et arbitraire.

Il ne nous reste plus qu'un seul point à bien préciser,
c'est notre moyen de réduire le capital individuel à l'impuissance, en le comparant aux moyens proposés par les
socialistes. Ces derniers veulent « nationaliser la propriété
individuelle » en propriété collective ; pour atteindre ce
but, il faut qu'ils réunissent deux éléments principaux (qui
selon nous sont impossibles nous verrons de suite pourquoi) 1º Réunir la majorité des suffrages qui votera la
nationalisation de la propriété. 2º Quand cette loi sera
votée par le Parlement, il faudra l'appliquer.

1º Depuis environ 20 ans que la doctrine socialiste est
propagée en France, le parti ne compte encore que 36 députés sur 600. S'il doit dans l'avenir n'avancer que de ce
même pas, voyez combien il faudra d'années pour arriver
à la majorité ? Il est incontestable que le régime capitaliste
aura vécu avant l'avènement de cette majorité, à moins
que des réactions capitalistes telles que : *la guerre, les
retraites ouvrières, la mutualité*, etc., permettent l'accroissement de nouveaux capitaux, prolongeant ainsi le régime
capitaliste pendant une durée proportionnelle à cet accroissement. Et pendant que le socialisme poursuit sa marche à la conquête du capital, ce dernier ne s'en porte
pas plus mal et continue de s'accroître comme si ce parti
n'existait pas.

2º Enfin supposons le parti socialiste en majorité et la

« nationalisation de la propriété » adoptée par le Parlement il s'agit d'appliquer et de la faire accepter par la minorité, d'abord pour connaître l'importance réelle de cette minorité il faudrait savoir l'opinion des nombreux abstentionnistes. Dans ce doute, il est possible que cette minorité devienne majorité au moment de l'exécution de la loi. Dans tous les cas, il est probable que cette soi-disant minorité ou majorité ne voudra pas se soumettre à la loi (si nous tenons compte de la résistance opposée par les croyants aux inventaires des biens de l'église) c'est la révolution ! le sang coule !!

Cette perspective seule est suffisante pour que nous refusions à tout jamais de nous associer aux moyens proposés par les socialistes. Dans notre système, au contraire, tout se passera d'une façon pacifique et harmonieuse, il suffit de ne *plus prêter* ni jamais donner un *centime pour être capitalisé*, en retirant de la circulation et en gardant par devers soi les pièces d'or qui sont l'essence même du capital.

L'épargne des travailleurs, c'est-à-dire de ceux qui sont victimes du régime capitaliste actuel, est plus que suffisante pour atteindre ce beau résultat, elle est considérable En voici la preuve : Il y a 261 livrets de caisse d'épargne par 1.000 habitants s'élevant à 429 francs par livret formant un total de plus de 4 milliards *(Annuaire statistique de la France*, 1901, pages 545 et 546). Ce qui fait plus d'un livret par famille de 4 personnes. La caisse d'épargne n'est pas le seul placement de l'épargne, les obligations à lots sont également en vogue et un très grand nombre sont détenues par les ouvriers. D'après Jaurès il y a 12 millions de salariés, par conséquent victimes du régime capitaliste, qui certainement, au bas mot, économisent les uns dans les autres chacun 100 francs par an et les prêtent total 1 milliard 200 millions. De plus ces salariés détiennent un capital qu'ils ont prêté que je ne puis évaluer. D'après Leroy-Beaulieu la France possédait, en 1888, 5 milliards d'or. En admettant qu'elle en possède aujourd'hui 6 milliards; cette somme attribue à chaque salarié, 500 francs, et à chaque français, 153 francs. Nous pouvons affirmer que sûrement les travailleurs disposent d'un « capital prêté » au-dessus de cette somme. La vie du capital est donc entre les mains de ceux qui en souffrent, ils sont les maîtres de changer le régime actuel quand ils voudront.

Si, jusqu'à présent, ils ont ignoré le moyen de vaincre le capital ils le connaîtront maintenant. Ne plus prêter, retirer de la circulation « l'or corrupteur » pour éviter qu'il engendre de nouveaux capitaux en retournant à sa source capitaliste. Chaque pièce de vingt francs retirée de la circulation diminue d'autant la puissance capitaliste. *Chaque partisan de notre doctrine arrache une pierre à l'édifice capitaliste. Il n'y a pas besoin d'une majorité pour retirer de la circulation les 5 milliards d'or, une faible minorité suffit.* Le capital s'est constitué, s'est développé sans discours, sans écrits, sans révolutions, une simple petite loi facultative autorisant le prêt à intérêt (§ 16) qui a eu pour conséquence la valeur marchande de l'or a suffi. Chercher aujourd'hui des majorités, prononcer des discours, appliquer les réformes politiques et provoquer des révolutions pour vaincre le capital c'est absolument comme si un médecin vous proposait de vous guérir à l'aide de ces moyens. Emparez-vous du germe capitaliste, comme le médecin empêche le microbe de se développer. Vous savez que le regime capitaliste s'est formé par l'or, retirez ce dernier. Vous savez que le cultivateur sème le blé pour en récolter davantage, sachez que de même le capitaliste sème l'or pour en avoir davantage. Retirez la « semence or » vous aurez l'équitable rétribution de l'effort et l'oisiveté opulente vaincue.

FIN

TABLE DES MATIÈRES

Documents manquants (pages, cahiers...)
NF Z 43-120-13